带孩子走进博物馆（汉藏对照）

༄༅། །བྱིས་པ་ཁྲིད་ནས་རྟེན་མཛོད་ཁང་དུ་འགྲོ།(རྒྱ་བོད་ཤན་སྦྱར།)

明清文物

༄༅། །མིང་ཆིང་སྐབས་ཀྱི་རིག་དངོས།

张建林　主编　景凯旋　著
尕本加　译　王静　绘

ཀྲང་ཅན་ལིན་གྱིས་གཙོ་སྒྲིག་བྱས། ཅིང་ཁའེ་ཞོན་གྱིས་བརྩམས།
བཀའ་འབུམ་རྒྱལ་གྱིས་བསྒྱུར། ཝང་ཅིང་གིས་རི་མོ་བྲིས།

青海人民出版社

图书在版编目（CIP）数据

明清文物：汉藏对照 / 景凯旋著；尕本加译；王静绘 . -- 西宁：青海人民出版社，2022.12
（带孩子走进博物馆 / 张建林主编）
ISBN 978-7-225-06259-4

Ⅰ . ①明… Ⅱ . ①景… ②尕… ③王… Ⅲ . ①文物—中国—明清时代—青少年读物—汉、藏 Ⅳ . ① K871.4-49

中国版本图书馆 CIP 数据核字（2022）第 139642 号

总 策 划　王绍玉
执行策划　田梅秀　梁建强
责任编辑　田梅秀　项　秀　拉青卓玛
责任校对　马丽娟
责任印制　刘　倩　卡杰当周

带孩子走进博物馆
张建林　主编
明清文物（汉藏对照）
景凯旋　著
尕本加　译
王　静　绘

出 版 人　樊原成
出版发行　青海人民出版社有限责任公司
西宁市五四西路 71 号　邮政编码：810023　电话：（0971）6143426（总编室）
发行热线　（0971）6143516 / 6137730
网　　址　http://www.qhrmcbs.com
印　　刷　深圳市国际彩印有限公司
经　　销　新华书店
开　　本　880 mm × 1230 mm　1/16
印　　张　6.25
字　　数　30 千
版　　次　2022 年 12 月第 1 版　2022 年 12 月第 1 次印刷
书　　号　ISBN 978-7-225-06259-4
定　　价　39.80 元

编委会

目录 དཀར་ཆག

前言

明清时期中国疆域广袤，民族众多。在543年的历史中，明清的文化艺术科技在宋元基础上继续发展，对内融合了少数民族文化精华，对外吸收了阿拉伯、欧洲等国的工艺技法，陶瓷、金银铜器、象牙玉制品制造、雕刻等手工艺技术进一步提高。景泰蓝、珐琅、粉彩是明清时期的新工艺，掐丝珐琅鱼藻纹高足碗、雍正款珐琅彩松竹梅图橄榄瓶、景德镇窑粉彩莲花杯都是难得一见的精品；石湾窑烧制了许多逼真的人物、动物瓷器，我们选择了黄炳塑素胎金丝猫为石湾窑代言；还有华贵的九龙九凤冠、逼真的金蝉玉叶饰、精巧的牙雕镂空套球……无不展示着明清时期高超的制作技艺和独特的文化与审美。同时，变化纷繁的国际形势也让中国在政治、军事、经济、文化等各领域开始近代化变革，明代坤舆万国全图、清代康熙朝地球仪、丝路山水地图等文物便是这个时期在经济文化上中西方交流的体现。而京师大学堂校匾为我们展示了中国教育近代化历程上的点点滴滴。

明清时期也是我国封建社会逐渐走向衰落的一个时期，欧洲国家资本主义迅速发展，在全球进行殖民统治，西方列强纷纷入侵、蚕食衰落的清王朝。中华民族不屈不挠，抵抗外辱，出现了一大批流血牺牲的民族英雄。“登州戚氏”军刀、郑成功画像轴、广东虎门抗英烈士“忠勇义冢”墓坛、镇远舰铁锚等文物，它们历经硝烟战火依然保留至今，向我们诉说着中华儿女保家卫国的爱国精神和精忠报国的民族气节。

མགོ་བརྗོད།

མིང་ཆིང་སྐབས་སུ་ཀྲུང་གོའི་མངའ་ཁོངས་རྒྱ་བསྐྱེད་པ་དང་མི་རིགས་སྣ་མང་འདུས། ལོ་ངོ་543ལྷག་གི་རིང་ལ་མིང་དང་ཆིང་གི་རིག་གནས་སྒྱུ་རྩལ་དང་ཚན་རིག་ལག་རྩལ་སྔར་གྱི་སུང་དང་ཡོན་རྒྱལ་རབས་ཀྱི་རྨང་གཞིའི་སྟེང་དར་རྒྱས་ཆེན་པོ་བྱུང་། ནང་དུ་གྲངས་ཉུང་མི་རིགས་ཀྱི་རིག་གནས་ཀྱི་བཅུད་བླངས་ཤིང་ཕྱི་ནས་ཨ་རབ་དང་ཡོ་རོབ་སོགས་རྒྱལ་ཁབ་མང་པོའི་ལག་ཤེས་བཟོ་ལས་ནང་འདྲེན་བྱས་ཏེ། རྫ་མ་དང་གསེར་དངུལ་ཟངས་ཆས། བ་སོ་དང་གཡང་ཏིའི་ཅ་ལག། འབུར་བརྐོས་སོགས་ཀྱི་ལག་ཤེས་བཟོ་ལས་དར། དཔེར་ན་ཅིང་ཐའི་སྔོ་མདངས་མ་དང་གཡུ་ཡོར། རྫ་མ་ཚོན་ཁྲ་མ་ལྟ་བུ། སི་སྐུད་ཡོར་བ་ཞབས་མཐོ་མ་དང་ཡུང་ཀྲེང་ལུགས་ཀྱི་ཚོན་བྲུམ་མེ་ཏོག་མ། ཅིང་ཏེ་གྲོང་གི་རྫ་ཡོར་པད་འདབ་ཅན་སོགས་ནི་སྲིད་ན་དཀོན་པའི་རིན་ཆེན་ནོར་བུ་ཡིན། ཧྲི་ཝན་རྫ་དོང་ལས་མི་སྣ་དང་སྲོག་ཆགས་ཀྱི་རི་མོ་བགོད་པའི་གསོན་ཉམས་ཅན་གྱི་རྫ་ཆས་མང་པོ་བཟོས། དེ་དག་ལས་ང་ཚོས་བཟོ་བོ་ཧྭང་པིང་གིས་བཟོས་པའི་ཞི་ལ་སེར་པོ་ཚབ་མཚོན་དུ་བདམ་ཡོད། དེ་མིན་ངོ་མཚར་ཁྱད་དུ་འཕགས་པའི་ཅོད་པན་ཁྲུང་འབྲུག་དགུ་བརྒྱན་མ་དང་གསེར་འབུ་གཡང་ཏིའི་ལོ་འདབ་ཅན། བ་སོའི་སྒྲུ་གུ་ཚགས་རིས་ནང་ཁྲུག་མ་སོགས་ཀྱིས་སྐབས་དེའི་ངོ་མཚར་བའི་ལག་ཤེས་བཟོ་རྩལ་དང་ཐུན་མོང་མ་ཡིན་པའི་རིག་གནས་སེམས་ཁམས་དང་མཛེས་དཔྱོད་བསམ་བློ་མཚོན། དེ་བཞིན། སྐབས་དེའི་འགྱུར་ལྡོག་ཆེ་ཞིང་རྙོག་འཛིང་ལྡན་པའི་འཛམ་གླིང་གི་གནས་སྟངས་ཀྱིས་ཀྲུང་གོའི་སྲིད་འབྱོར་རིག་གསུམ་ལ་ཤུགས་རྐྱེན་ཐེབས། དཔེར་ན། མིང་གི་《འཛམ་གླིང་ཀུན་ཁྱབ་ས་ཁྲ་》དང་ཆིང་ཁང་ཞིའི་སྐབས་ཀྱི་སའི་གོ་ལའི་དཔེ་དབྱིབས། 《དར་ལམ་རི་ཆུའི་ས་ཁྲ་》སོགས་ནི་ཀྲུང་གོ་དང་ནུབ་ཕྱོགས་བར་གྱི་རིག་གནས་འབྲེལ་འདྲིས་ཀྱི་མཚོན་རྟགས་ཡིན། ཡང་ཅིང་ཧྲི་གཙུག་ལག་སློབ་ཆེན་གྱི་སྒོ་བྱང་གིས་ཉེ་རབས་ཀྲུང་གོའི་སློབ་གསོའི་བརྒྱུད་རིམ་བསྟན་པ་ལྟ་བུ།

མིང་ཆིང་ནི་རང་རྒྱལ་གྱི་བཀས་བཀོད་རྒྱུད་འཛིན་སྤྱི་ཚོགས་ཉམས་རྒུད་དུ་འགྱུར་བཞིན་པའི་དུས་སྐབས་ཤིག་ཡིན། སྐབས་དེར་ཡོ་རོབ་ཀྱི་མ་རྩ་རིང་ལུགས་གློ་བུར་དུ་དར་རྒྱས་བྱུང་ནས་འཛམ་གླིང་ཡུལ་གྲུ་ཀུན་དུ་མི་སེར་སྐྱོལ་བཞིན་དབང་སྒྱུར་བས། ནུབ་ཕྱོགས་སྟོབས་ལྡན་རྒྱལ་ཁབ་དག་གིས་གཅིག་རྗེས་གཉིས་མཐུད་དང་ཉམས་རྒུད་དུ་འགྲོ་བཞིན་པའི་ཆིང་རྒྱལ་ཁབ་ལ་བཙན་འཛུལ་བྱས། ཀྲུང་ཧྭ་མི་རིགས་ནི་དཀའ་སྡུག་ལ་མགོ་མི་སྒུར་ཞིང་གཞན་གྱི་གཉའ་གནོན་ལ་མི་སྐྲག་པ་ཞིག་ཡིན། སྐབས་དེར་རྒྱལ་ཁབ་ཀྱི་དོན་དུ་རང་སྲོག་བློས་བཏང་བའི་རྟུལ་ཕོད་ཀྱི་དཔའ་བོ་མང་པོ་བྱོན། ཏེང་གྲོའུ་ཆི་ཅི་ཀོང་གི་དམག་གྲི་དང་《ཀྲེང་ཁྲེང་ཀུང་གི་སྐུ་འདྲ་》དང་ཀོང་ཏུང་ཧུའུ་མོན་གྱི་དབྱིན་འགོག་དཔའ་བོའི་དུར་ཐྭ། ཀྲེན་ཡོན་དམག་གྲུའི་ལྕགས་ཀྱུ་སོགས་ནི་ཛ་དྲག་གི་རྒྱལ་སྲུང་དམག་འཁྲུག་ཁྲོད་བརྒྱུད་ཡོང་བའི་རིག་དངོས་ཡིན། དེ་དག་གིས་ཀྲུང་ཧྭ་མི་རིགས་ཀྱི་བུ་རྒྱུད་རྣམས་ཀྱི་རྒྱལ་སྲུང་སྙིང་སྟོབས་དང་སེམས་རྒྱལ་ལ་བཅེངས་པའི་བརྩེ་དུང་མཚོན།

1 明洪武釉里红岁寒三友纹梅瓶

མིང་གི་ཇེ་ཚོན་དམར་པོའི་བུམ་པ་མེ་ཏོག་མ།

地点 南京博物院 ཉར་ཡུལ། ནན་ཅིན་རྟེན་མཛོད་གླིང་།

时代 明 དུས་སྐབས། མིང་།

釉里红是元代景德镇发明的一种陶瓷彩绘技术。工匠使用含有铜元素的彩釉在瓷胎上着色，然后再施一层透明釉，放入 1300 摄氏度的炉内烧制。铜氧化后显现为红色，因为在透明釉下，故被称作釉里红。元代釉里红大多呈灰白色，明初釉里红颜色浅红带灰。

釉里红岁寒三友纹梅瓶，1957 年出土于江苏南京一座明代墓葬中，墓主人为明代安成公主和丈夫宋琥（hǔ）。瓶高 41.7 厘米，鼓腹，瓶口有带提钮的小盖。该瓶造型优美，瓶身绘有松树、绿竹、梅花等常绿植物。松、竹、梅被中国人誉为“岁寒三友”，象征着君子高尚的品格。安成公主虽为永乐皇帝的女儿，但从制瓷技术来看，梅瓶应制造于洪武年间。明洪武釉里红岁寒三友纹梅瓶烧制难度大，纹饰典雅，是一件难得的艺术珍品。

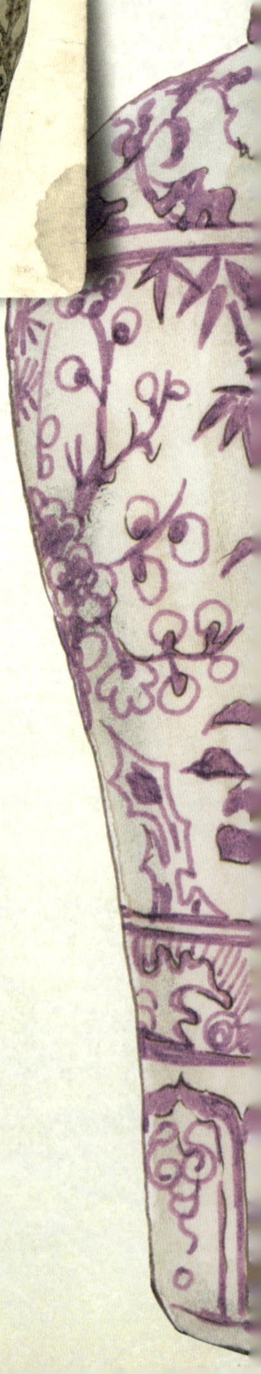

རྫ་ཆེན་དམར་པོ་ནི་ཡོན་རྒྱལ་རབས་སུ་ཅིང་ཏི་གྲོང་ནས་གསར་དུ་བཏོད་པའི་རྫ་མའི་ཆོས་གཞི་ཞིག་ཡིན། བཟོ་པོ་རྣམས་ཀྱིས་རྫ་བུམ་ངོས་སུ་ཟངས་རྫས་འདུས་པའི་རྡོ་རྩི་བྱུགས་པ་དང་དེ་ནས་དྲངས་རྩི་རིམ་པ་ཞིག་བྱུགས་རྗེས། དྲོད་ཚད་ཧུའུ་1300ཅན་གྱི་ཐབ་ནང་ལ་བཞག་ནས་བསྲེག་དགོས། ཟངས་དབྱང་ཞུ་རྗེས་ཁ་དོག་དམར་པོར་འགྱུར་བ་དང་། དྭགས་རྩའི་འོག་ཏུ་དམར་མདངས་མངོན། རྫ་ཆེན་དམར་པོའི་རྫ་ཆས་ཕལ་ཆེར་སྐྱ་མདོག་ཡིན་ལ། མིང་དུས་མགོའི་རྫ་ཆེན་དམར་མདངས་ཅན་གྱི་ཁ་དོག་ཀྱང་དམར་སྐྱ་ཡིན།

རྫ་ཆེན་དམར་པོའི་བུམ་པ་མེ་ཏོག་མ་འདི་1957ལོར་ཅང་སུའུ་ནན་ཅིང་གི་མིང་རྒྱལ་རབས་ཀྱི་བང་སོ་ ཞིག་ལས་རྙེད། བང་སོའི་བདག་པོ་ཨན་ཁྲིང་ཀོང་ཇོ་དང་མོའི་མག་པ་སུང་ཧྲུའུ་རེད། བུམ་པའི་མཐོ་ཚད་ལི་སྨི་41.7ཡིན་ཞིང་། བུམ་ལྟོ་དང་བུམ་ཁ་གཉིས་སུ་འཛིན་ཡུ་ཡོད། བུམ་པའི་དབྱིབས་མཛེས་ཤིང་ངོས་སུ་གསོམ་སྡོང་དང་སྨྱུག་སྡོང་། ཐུ་ལི་མེ་ཏོག་བཅས་བཀོད། འདི་གསུམ་ལ“དགུན་དུས་རྒུད་པ་མེད་པའི་ལྷོན་ཤིང་གསུམ”ཞེས་འབོད་ཅིང་སྐྱེས་བུ་དམ་པའི་ངང་རྒྱུད་མཚོན། ཨན་ཁྲིང་ཀོང་ཇོ་གོང་མ་ཡུང་ལོའི་སྲས་མོ་ཡིན་རུང་། བཟོ་རྩལ་ངོས་ནས་བརྟག་ན། བུམ་པ་འདི་གོང་མ་ཧུང་ཝུའུ་རིང་ལ་བཟོས་པ་ཞིག་རེད། བུམ་པ་མེ་ཏོག་མ་འདིའི་ལས་ཚོགས་ལྷེ་ཞིང་རི་མོ་མཛེས་ལ། ཤིན་ཏུ་རྩ་ཆེ་བའི་སྒྱུ་རྩལ་བརྩམས་ཆོས་ཤིག་རེད།

2 “大明宝钞”壹贯钞版

“ཏཱ་མིང་དངུལ་ལོར་”སྒྲེང་གཅིག་མའི་དཔར་བྱང་།

地点	贵州省博物馆	ཉར་ཡུལ།	ཀུའེ་ཀྲོའུ་ཞིང་ཆེན་རྟེན་མཛོད་ཁང་།
时代	明	དུས་སྐབས།	མིང་།

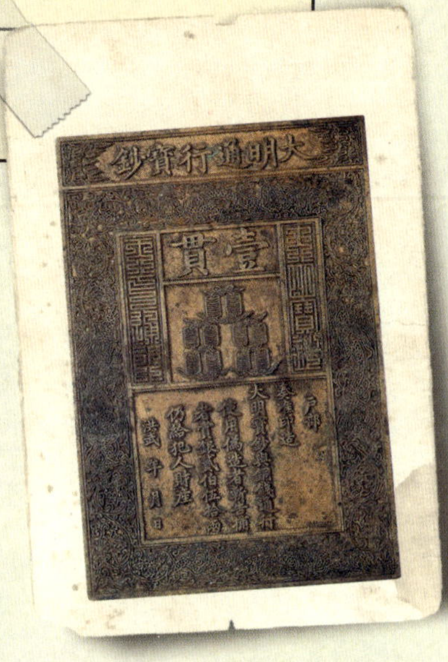

明朝建立后，社会安定、经济逐渐走向繁荣，原有的铜币数量不能满足人们的生活与贸易所需。1375 年，明太祖朱元璋下令发行纸币，面额分为一百文、两百文、三百文、四百文、五百文、一贯（一千文）六种。贵州省博物馆收藏的这件“大明宝钞”壹贯钞版是印刷一贯纸币的底版，长 32 厘米、宽 21 厘米，用铜铸成。钞版正面顶端阳刻“大明通行宝钞”六字，下面四周雕刻精美的飞龙。中部有两个方框，上面方框阳刻“一贯”二字，字下有十串铜钱图案，两边刻有篆书“大明宝钞”“天下通行”八字。下面方框刻有“户部奏准印造，大明宝钞与铜钱通行使用，伪造者斩，告捕者赏银贰佰五十两，仍给犯人财产，洪武 年 月 日”四十二字。该钞版保存完好，是研究明初经济史、货币史的重要资料。

མིང་རྒྱལ་རབས་སུ་སྤྱི་ཚོགས་བདེ་ལ་བཀོད་ཅིང་དཔལ་འབྱོར་དར་རྒྱས་བྱུང་བས། སྔར་གྱི་ཟངས་སྐོར་གྱིས་མི་རྣམས་ཀྱི་འཚོ་བ་དང་ཚོང་ཟོག་བརྗེ་རེས་ཀྱི་དགོས་མཁོ་བསྐང་མ་ཐུབ། 1375ལོར་མིང་ཐའི་ཙུའུ་ཀྲུའུ་ཡོན་ཀྲང་གིས་ཤོག་དངུལ་བཟོ་བའི་བཀའ་རྒྱ་བསྒྲགས། ཤོག་དངུལ་གྱི་གོང་ཚད་སྐོར་ཅིག་བརྒྱ་དང་ཉིས་བརྒྱ། སུམ་བརྒྱ། བཞི་བརྒྱ། ལྔ་བརྒྱ། ཕྲེང་གཅིག་སྟེ་སྐོར་གཅིག་བཅས་རིམ་པ་དྲུག་ཏུ་བགོས། “ཏཱ་མིང་དངུལ་ལོར་”ཕྲེང་གཅིག་མའི་དཔར་བྱང་འདི་སྐོར་སྟོང་གཅིག་ཅན་གྱི་དཔར་བྱང་ཡིན་ཞིང་། རིང་ཚད་ལ་ལི་སྨི32དང་ཞེང་ཚད་ལ་ལི་སྨི21ཡོད་པ་ཟངས་ལས་གྲུབ། དཔར་བྱང་མདུན་གྱི་གོང་སྟེང་“ཏཱ་མིང་དངུལ་ལོར་”ཞེས་པའི་ཡི་གེ་དང་། ཡི་གེའི་འོག་ཏུ་ཟངས་སྐོར་བཅུ་ཕྲེང་བསྒྲིགས་པའི་རི་མོ་ཡོད། དེའི་གཡོགས་གཉིས་སུ་“ཏཱ་མིང་དངུལ་ལོར་”ཞེས་པ་དང་“གནམ་འོག་ལ་སྤྱོད་ཆོག་”ཅེས་པ་སུག་བྲིས་སུ་ཡོད། འོག་སྟེང་“ནོར་སྲིད་དོན་གཅོད་ཁང་གིས་དཔར་དུ་བཏབ། ཏཱ་མིང་དངུལ་ལོར་དང་ཟངས་སྐོར་གཉིས་ལྷན་དུ་སྤྱོད་ཆོག། གལ་སྲིད་རྫུན་མ་བཟོ་མཁན་ཡོད་ན་ཉེས་ཆད་གཅད་རྒྱུ་ཡིན་ལ། ཡར་ཞུ་མཁན་ལ་དངུལ་སྐོར་ཉིས་བརྒྱ་ལྔ་བཅུ་དང་ཉེས་ཅན་གྱི་རྒྱུ་ནོར་རྣམས་བྱ་དགའ་སྤྲད་རྒྱུ་ཡིན། ཧུང་ཝུའུ་ ལོའི་ ཟླ་ ཚེས་ལ།”ཞེས་བྲིས་ཡོད། དཔར་བྱང་ཉར་ཚགས་བྱས་པ་ལེགས་པས། མིང་དུས་མགོའི་དཔལ་འབྱོར་ལོ་རྒྱུས་དང་དངུལ་ལོར་ལོ་རྒྱུས་ལ་ཞིབ་འཇུག་བྱེད་པར་ཕན།

3 《永乐大典》

《ཡུང་ལོའི་གཞུང་ཆེན།》

地点	国家典籍博物馆	ཉར་ཡུལ།	རྒྱལ་ཁབ་གསུང་རབ་རྟེན་མཛོད་ཁང་།
时代	明	དུས་སྐབས།	མིང་།

朱棣是明朝第三位皇帝，年号永乐。为了加强思想统治、彰显其文治，他登基之初便令人编修一部巨著，后命名为《永乐大典》。该书由姚广孝、解（xiè）缙（jìn）主持编纂，将古今天下之事分门别类辑出，方便人们查阅。参与编纂者最多时有两千多人，众人广搜天下各地书籍，花费 5 年时间，于 1407 年完成这部旷世巨著。《永乐大典》一共 22877 卷，11095 册，总字数约 3.7 亿字，截至十五世纪初，是世界上最大的百科全书。

一百多年后，嘉靖皇帝担心《永乐大典》损毁遗失，令人抄写了一个副本。明末，《永乐大典》正本不幸在战火中消失。令人遗憾的是，仅存的《永乐大典》副本也在近代列强入侵中损毁殆尽。据统计，现存《永乐大典》只有 400 多册，其中一半流落在日、美、英、德等国，北京的国家典籍博物馆收藏有 221 册《永乐大典》。

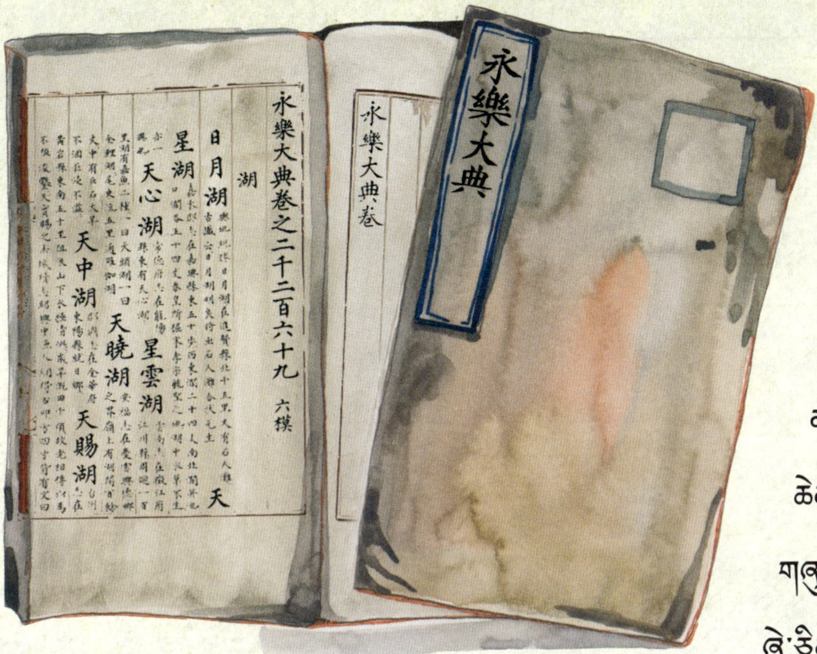

ཀྲུའུ་དི་ནི་མིང་གི་རྒྱལ་པོ་གསུམ་པ་ཡིན་ལ་ལོ་རྟགས་ལ་ཡུང་ལོ་ཟེར། ཁོང་གིས་དམངས་སེམས་གཅིག་ཏུ་སྡུད་པ་དང་རང་གི་ཤེས་ཡོན་མངོན་ཆེད། སྲིད་ཁྲིམ་མངའ་སྒྱུར་བ་ནས་བཟུང་བློན་ལ་བཀའ་སྩལ་ཏེ་བསྟན་བཅོས་ཆེན་པོ་ཞིག་བརྩམས། དེ་ལ་ཕྱིས་སུ་《ཡུང་ལོའི་གཞུང་ཆེན་》ཟེར། གཞུང་འདི་ཡའོ་ཀོང་ཞའོ་དང་ཞེ་ཅིན་གཉིས་ཀྱིས་འགོ་འཛིན་བྱས་ཏེ་རྩོམ་སྒྲིག་བྱས་ཤིང་རྩོམ་སྒྲིག་པ་མང་དུས་སྟོང་ཕྲག་གཉིས་ལྷག་ཡོད། འདིར་གནམ་འོག་གི་བསྟན་བཅོས་སྣ་ཚོགས་འཚོལ་བསྡུ་བྱས་ཏེ། གནའ་ནས་དེ་དུས་བར་གྱི་དོན་ཆེན་རྣམས་རིགས་བཀར་ནས་རེ་རེ་བཞིན་གླེང་བས་མི་རྣམས་ཀྱིས་ཀློག་བདེ། དུས་ཡུན་ལོ་5སྤྱད་མཐར་1407ལོར་གཞི་ནས་ལེགས་པར་གྲུབ། 《ཡུང་ལོའི་གཞུང་ཆེན་》ལ་ཁྱོན་བསྡོམས་བམ་པོ་22877དང་དེབ་11095དང་ཡིག་འབྲུ་དུང་ཕྱུར་3.7ཡོད་ཅིང་། དུས་རབས་15པའི་བར་དུ་འཛམ་གླིང་སྟེང་ཆེས་ཆེ་བའི་ཤེས་བྱ་ཀུན་ཁྱབ་ཀྱི་གཞུང་ཞིག་ཏུ་བརྩི་ཚོག།

ལོ་རྡོ་བརྒྱ་ལྷག་གི་རྗེས་སུ་གོང་མ་ཇ་ཅིན་གྱིས་《ཡུང་ལོའི་གཞུང་ཆེན་》མེད་བརླག་ཏུ་འགྲོ་བར་དམིགས་ནས། བློན་ལ་བཀའ་ཕབ་སྟེ་བཤུས་སུ་བཅུག། མིང་དུས་མཇུག་ལ་འཐབ་འཛིང་ཁྲོད《ཡུང་ལོའི་གཞུང་ཆེན་》གྱི་མ་ཡིག་བོར་བརླག་ཏུ་གྱུར། བཤུས་དེབ་ལའང་བཙན་རྒྱལ་གྱིས་གཉའ་གནོན་བྱེད་སྐབས་གནོད་སྐྱོན་བྱུང་། རྩིས་བླངས་པ་ལྟར་ན། ད་ལྟ་《ཡུང་ལོའི་གཞུང་ཆེན་》གྱི་བཤུས་དེབ་ལ་དེབ་400ལས་མེད། གཞན་རྣམས་འཛར་པན་དང་ཨ་རི། དབྱིན་ཇི། འཇར་མན་སོགས་སུ་ཡོད་ཅིང་། རྒྱལ་ཁབ་གསུང་རབ་དཔེ་མཛོད་ཁང་དུ་དེབ་221བཞུགས།

4 永乐款铜鎏金观音像

ཡུང་ལོ་ལུགས་ཀྱི་སྤྱན་རས་གཟིགས་སྐུ།

地点	青海省博物馆	ཉར་ཡུལ།	མཚོ་སྔོན་ཞིང་ཆེན་རྟེན་མཛོད་ཁང་།
时代	明	དུས་སྐབས།	མིང་།

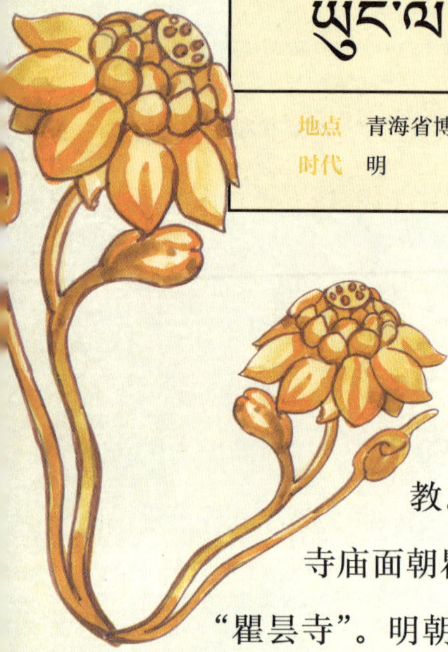

唐代以来，青藏高原上各族人民多信仰藏传佛教，因此元明清统治者非常尊崇藏传佛教。瞿（qú）昙寺始建于1392年，位于青海海东。寺庙面朝瞿昙河，背靠罗汉山，建成后明太祖朱元璋赐名“瞿昙寺”。明朝皇帝给瞿昙寺赏赐了许多法器及宝物，后来又加封创寺僧人三罗喇嘛大国师称号。

这尊精美的铜鎏金观音像，是明朝永乐皇帝赏赐给瞿昙寺的。佛像高146厘米，底座宽63.5厘米，由铜制成，表面鎏金。观音侧扭着身子站立在莲花座上，发髻高耸、头戴花冠、眼睛微睁、神态安详。上身袒露，双手各执一朵莲花，胸前以及裙子上挂满饰物。佛像光着脚，双脚前刻有汉、藏、梵三种“大明永乐年施”文字。这尊佛像工艺精湛，历经600年依然光彩夺目。它是明代金铜造像的典范，也是古代汉藏佛教文化交融的见证。

ཐང་རྒྱལ་རབས་ནས་བཟུང་མདོ་དབུས་མཐོ་སྒང་གི་མི་རིགས་མང་ཆེ་བས་བོད་བརྒྱུད་ནང་བསྟན་ལ་དད། དེར་བརྟེན་ཡོན་མིང་ཆིང་རྒྱལ་རབས་ཀྱི་དབང་སྒྱུར་པས་བོད་བརྒྱུད་ནང་བསྟན་ལ་གཙིགས་མཐོང་བྱེད། གྲོ་ཚང་རྡོ་རྗེ་འཆང་ནི་1392ལོར་བཏབ་ཅིང་མཚོ་སྔོན་མཚོ་ཤར་དུ་ཆགས། དགོན་མདུན་དུ་ཆུ་དང་རྒྱབ་ཏུ་བྲག་ནག་མགོན་པོ་ཡོད། དགོན་བཏབ་རྗེས་ཀྲུའུ་ཡོན་ཀྲང་གིས"ཆུས་ཐན་སི"ཞེས་པའི་མིང་གསོལ། མིང་གོང་མས་གྲོ་ཚང་རྡོ་རྗེ་འཆང་ལ་མཆོད་ཆས་དང་རིན་པོ་ཆེ་སྣ་མང་གནང་ཞིང་། དགོན་པ་ཕྱག་འདེབས་པ་པོ་བཀའ་བརྒྱུད་བླ་མ་སངས་རྒྱས་བཀྲ་ཤིས་མཆོག་ལ་གོ་ཤྲི་ཆེན་མོའི་ཆོ་ལོ་སྩལ།

ངོ་མཚར་ལྷ་ན་སྡུག་པའི་སྤྱན་རས་གཟིགས་སྐུ་འདི་མིང་གོང་མ་ཡུང་ལོས་གྲོ་ཚང་རྡོ་རྗེ་འཆང་ལ་གནང་བ་རེད། སྐུའི་མཐོ་ཚད་ལ་ལི་སྨི་146དང་ཞབས་ཁྲིའི་ཞེང་ལ་ལི་སྨི་63.5ཡོད། རྒྱུ་ཟངས་ལས་གྲུབ་ཅིང་ངོས་ལ་གསེར་རྩི་བྱུགས། སྤྱན་རས་གཟིགས་ཀྱི་སྐུ་ཙུང་འཁྱོག་ནས་པད་ཁྲི་སྟེང་བཞུགས་པ་དང་གཙུག་ཏོར་མཐོ་ཞིང་ཅོད་པན་མནབས། སྤྱན་ཟུང་ཕྱེ་ནས་ཞལ་ལ་བྱམས་བརྩེས་ཁེངས། སྐུ་སྟོད་གཅེར་བུར་གནས་ཤིང་ཕྱག་ཟུང་ལ་པདྨ་རེ་བསྣམས། བྲང་དང་སྨད་གཡོགས་ཐོག་ལ་རིན་པོ་ཆེས་ཕྲ་རྒྱན་བཏབ། ཞབས་རྟེན་པར་གནས་ཤིང་ཞབས་མདུན་དུ་རྒྱ་བོད་སོག་སྐྲི་ཏ་ཡི་གེ་གསུམ་གྱིས"ཏཱ་མིང་ཡུང་ལོའི་སྐབས་སུ་བཟོས"ཞེས་བརྐོས་འདུག། སྐུའི་བཟོ་རྩལ་ཁྱད་དུ་འཕགས་པ་དང་ལོ་ངོ་དྲུག་བརྒྱ་ཙམ་འགོར་ཡང་ད་དུང་བཀྲག་མདངས་རྣམ་པར་བཀྲ་བས། མིང་རྒྱལ་རབས་ཀྱི་གསེར་ཟངས་སྐུའི་ཚབ་མཆོན་ཡིན་པར་མ་ཟད། རྒྱ་བོད་ནང་བསྟན་ཆོས་ལུགས་འབྲེལ་འདྲིས་ཀྱི་དཔང་རྟགས་ཀྱང་ཡིན།

5

郑和钟

ཀྲང་ཧོ་ཅོང་།

地点 福建博物院 ཉར་ཡུལ། ཧྥུ་ཅན་རྟེན་མཛོད་གླིང་།

时代 明 དུས་སྐབས། མིང་།

永乐皇帝在位时，明朝经济繁荣、国力强盛，是世界上的重要大国。为了提高明朝在国际上的地位和声望，永乐皇帝派郑和率领庞大的船队下西洋。当时的西洋，指的是今天文莱以西的东南亚以及印度洋一带海域和沿岸地区。1405—1433 年，郑和率船队 7 次下西洋，先后到达亚洲和非洲的 30 多个国家，为当地带去了大量的丝绸、瓷器、茶叶等物品，促进了中国与这些国家的友好关系。

福建博物院收藏的这件铜钟高 83 厘米、厚 2 厘米、重 77 公斤，是宣和六年（1431 年）郑和第七次下西洋前夕制造的，钟上刻有 54 字祈福铭文。郑和希望这次下西洋平安顺利，并祈求“风调雨顺、国泰民安”。该钟造型古朴，纹饰精美，是研究郑和下西洋的宝贵资料。

ཡུང་ལོ་སྲིད་ཁྲིར་བཞུགས་སྐབས། མིང་གི་མངའ་ཐང་དར་ཞིང་དཔལ་འབྱོར་འཕེལ་ཏེ་འཛམ་གླིང་ཐོག་གི་སྟོབས་ཅན་རྒྱལ་ཁབ་ཏུ་གྱུར། དེའང་རྒྱལ་ཁབ་ཀྱི་མཚན་སྙན་དང་གོ་གནས་འཕེལ་བའི་ཕྱིར། གོང་མས་བཀའ་ཕབ་པ་ལྟར་ཀྲེང་ཧོ་འཁོར་དང་བཅས་པ་ནུབ་རྒྱ་མཚོའི་ཕྱོགས་སུ་སོང་། སྐབས་དེའི་ནུབ་རྒྱ་མཚོ་ནི་དེང་གི་ལྷུན་ལའེ་ནུབ་ཀྱི་ཞེ་ཤ་ཡ་ཤར་ལྷོ་དང་ཧིན་རྡུ་རྒྱ་མཚོའི་ཕྱོགས་ཀྱི་མཚོ་ཁུག་དང་དེའི་འགྲམ་རྒྱུད་ལ་གོ། 1405ནས་1433ལོར། ཀྲེང་ཧོ་ཡིས་གྲུ་དཔུང་བདུན་གྱི་སྣེ་ཁྲིད་ནས་སྔ་རྗེས་སུ་ཡ་གླིང་དང་ཨ་ཧྥི་རི་ཁ་གླིང་གི་རྒྱལ་ཁབ་30ལྷག་ལ་སླེབས་ཤིང་། ས་གནས་དེ་དག་ལ་དར་གོས་དང་རྫ་ཆས། ཇ་ལོ་སོགས་ཁྱེར་སོང་བས། ཀྲུང་གོ་དང་རྒྱལ་ཁབ་དེ་དག་བར་གྱི་འབྲེལ་བར་ནུས་པ་ཆེན་པོ་ཐོན།

ཟངས་ཅོང་འདིའི་མཐོ་ཚད་ལ་ལི་སྨི་83དང་མཐུག་ཚད་ལ་ལི་སྨི་2དང་ལྟེད་ཚད་ལ་སྤྱི་རྒྱ་77ཡོད་ཅིང་། ཞོན་ཏེ་ཁྲི་ལོ་དྲུག་པ་སྤྱི་ལོ་1431ལོར་ཀྲེང་ཧོ་ཐེངས་བདུན་པར་ནུབ་རྒྱ་མཚོར་བསྐྱོད་གྲབས་སྐབས་བཟོས་པ་རེད། ཅོང་ངོས་སུ་ཡིག་འབྲུ་54ཡོད་པའི་གསོལ་འདེབས་ཤིག་བྲིས་པ་དེས་ཀྲེང་ཧོ་ཡི་ཐེངས་དེའི་འགྲུལ་བཞུད་ལ་བགེགས་བར་ཆད་མི་འབྱུང་ཞིང་རྒྱལ་བདེ་འབབས་སྐྱིད་ཡོང་བའི་སྨོན་འདུན་མཚོན། ཅོང་གི་རྣམ་པ་ལེགས་ཤིང་རི་མོ་མཛེས་པ་དང་ལོ་རྒྱུས་རིན་ཐང་ཆེ་བས། ཀྲེང་ཧོ་ནུབ་རྒྱ་མཚོར་བསྐྱོད་པའི་སྐོར་ཞིབ་འཇུག་བྱེད་པར་རིན་ཐང་ལྡན།

6 明青花阿拉伯文无档尊

ཨ་རབ་ཡི་གེ་བཀོད་པའི་ཛ་བུམ་ལྟོ་མེད་མ།

地点 河北博物院 ཉར་ཡུལ། ཧོ་པེ་རྟེན་མཛོད་གླིང་།
时代 明 དུས་སྐབས། མིང་།

郑和七次下西洋，极大地推动了明朝中后期的海上丝绸之路贸易。船队使用大量巨型船只，促进了中国造船业的发展；船队从中国东南沿海经过东南亚驶向印度洋，提高了中国人的航海技术；船队所到之处或与外国进行贸易，或赠送丝绸、瓷器、茶叶等物品，扩大了中国商品的影响力。尽管明朝有一段时间实行海禁，但仍未能阻止海上丝绸之路的发展。

这件青花阿拉伯文无档尊，是中国工匠专为阿拉伯人制作的。无档尊呈直筒状，上下两面有向外折的宽沿，高 17 厘米，上下直径也是 17 厘米。表面绘有 6 组环绕花纹，重叠其上的阿拉伯文字为“赞颂归于真主”等吉祥颂语。阿拉伯民众广泛信仰伊斯兰教。明青花阿拉伯文无档尊造型优美，是明代中国与阿拉伯人贸易的见证。

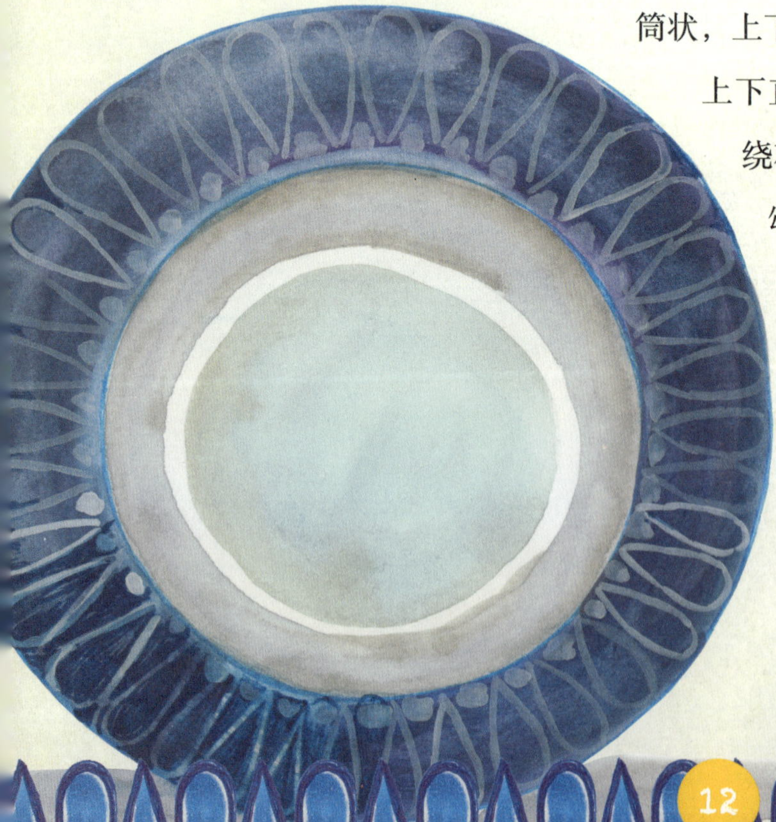

ཀྲེང་ཧོ་ནུབ་རྒྱ་མཚོར་ཐེངས་བདུན་པར་བསྐྱོད་པ་དེས་མིང་དུས་དཀྱིལ་དང་དུས་མཇུག་གི་མཚོ་ཐོག་དར་གོས་ཚོང་ལམ་འཕེལ་རྒྱས་སུ་བཏང་། སྐབས་དེའི་གྲུ་གཟིངས་ཆེ་བས་ཀྲུང་གོའི་གྲུ་བཟོ་ལས་རིགས་དར་རྒྱས་བྱུང་། ཀྲེང་ཧོ་ཡི་གྲུ་དཔུང་ཀྲུང་གོའི་ལྷོ་ཤར་ཕྱོགས་ཀྱི་མཚོ་འགྲམ་བརྒྱུད་ནས་ཨེ་ཤ་ཡ་ལྷོ་ཤར་ཕྱོགས་སུ་བསྐྱོད་དེ་ཧིན་དུ་རྒྱ་མཚོར་ཞུགས། དེ་ལྟར་བསྐྱོད་པ་དེས་ཀྲུང་གོའི་མི་རྣམས་ཀྱིས་མཚོ་གྲུ་ཁ་ལོ་སྒྱུར་བའི་ལག་རྩལ་ཇེ་ལེགས་སུ་གྱུར། གྲུ་དཔུང་ས་ཆ་གང་དུ་སླེབས་ཚེ་གནས་དེའི་མི་རྣམས་དང་ཚོང་བྱེད་པའམ་ཡང་ན་དར་གོས་དང་ཛ་ཆས། ཇ་ལོ་སོགས་ཀྱི་ལེགས་སྐྱེས་འབུལ། དེས་ཀྲུང་གོའི་ཚོང་ཟོག་གི་སྙན་གྲགས་རྒྱས་པར་གྱུར། མིང་གིས་བར་སྐབས་ཤིག་ལ་མཚོ་ལམ་བཀག་ཀྱང་། དེས་མཚོ་ཐོག་དར་གོས་ཚོང་ལམ་འཕེལ་རྒྱས་འགྲོ་བ་ལ་བར་ཆད་བཟོ་ཐུབ་མེད།

ཨ་རབ་ཡི་གེ་བཀོད་པའི་ཛ་བུམ་ལྷོ་མེད་མ་འདི་ཀྲུང་གོའི་བཟོ་བོས་ཨ་རབ་པ་ལ་ཆེད་དུ་བཟོས་པ་ཞིག་རེད། ཡོར་བ་འདི་སྦུ་གུ་དྲང་པོ་ཞིག་དང་མཚུངས་ཤིང་སྟེང་འོག་གི་སྣེ་གཉིས་ཕྱི་ལ་བསྒྲེངས། མཐོ་ཚད་ལ་ལི་སྨི་17དང་སྣེ་གཉིས་ཀྱི་ཚངས་ཐིག་ལའང་ལི་སྨི་17ཡོད། ངོས་སུ་མེ་ཏོག་འདབ་འབྱུད་མ་6བཀོད་ཡོད་པ་མ་ཟད་ཨ་རབ་ཡི་གེས་“དཀོན་མཆོག་ལ་ཕྱུལ་བར་གུས་པས་བསྟོད།”ཅེས་པའི་ཤིས་ཚིག་ཅིག་ཀྱང་བྲིས། ཨ་རབ་མི་དམངས་ཀྱིས་ཁ་ཆེ་ཆོས་ལུགས་ལ་དད་པ་བྱེད་པས་དེས་ཁོང་ཚོའི་དད་མོས་མཚོན། བུམ་པའི་དབྱིབས་མཛེས་ཤིང་ཁྱད་ཆོས་ལྡན་པ་དང་། མིང་རྒྱལ་རབས་དང་ཨ་རབ་བར་ཚོང་ལས་བྱུང་བའི་དཔང་རྟགས་ཡིན།

7 九龙九凤冠

ཅོད་པན་ཁྲུང་འབྲུག་དགུ་བརྩེགས་མ།

地点	中国国家博物馆	ཉར་ཡུལ།	ཀྲུང་གོ་རྒྱལ་གཉེར་རྟེན་མཛོད་ཁང་།
时代	明	དུས་རབས།	མིང་།

明成祖迁都北京之后，明朝 14 位皇帝中有 13 位葬在北京西北方的天寿山，后人称为“明十三陵”。1956 年，考古工作者对十三陵中的定陵进行发掘。定陵是明神宗及其两位皇后的墓葬，墓中出土了大量珍贵的文物。

这件九龙九凤冠的主人是明孝端皇后，是皇后在出席重大典礼、祭祀活动时佩戴的。凤冠总高 48.5 厘米、直径 23.7 厘米、重 2.3 千克。工匠先用漆竹扎成帽胎，再用丝帛进行包裹，最后在上面装饰精美的饰物。凤冠前面有九条金龙、八条金凤，后面有金凤一条，共九龙九凤。凤冠上镶嵌天然红宝石 115 颗、珍珠 4414 颗，十分精美奢华。九龙九凤冠工艺复杂，装饰精美，历经四百年仍色泽鲜艳，是定陵诸多珍宝中最珍贵的一件。2002 年国家文物局将其列入《首批禁止出国（境）展览文物目录》。

གོང་མ་མིང་ཁྲིམ་ཙུའུ་ཡིས་རྒྱལ་ས་པེ་ཅིང་ལ་སྤྱར་རྗེས། མིང་གོང་མ་བཅུ་བཞི་ལས་བཅུ་གསུམ་གྱི་བང་སོ་པེ་ཅིང་ནུབ་བྱང་ཕྱོགས་ཀྱི་རི་བོ་ཐེན་ཧྲོའུ་སྐྱེད་དུ་བརྩིགས། དེ་ལ་ཕྱིས་སུ་མིང་གོང་མའི་བང་སོ་བཅུ་གསུམ་ཞེས་འབོད། 1956ལོར་གནའ་དཔྱད་ལས་ཀ་པས་བང་སོ་བཅུ་གསུམ་བསྐོགས་པ་དང་། དེ་དག་ལས་གོང་མ་མིང་ཧྲིན་ཙུང་དང་རྒྱལ་ཡུམ་གཉིས་ཀྱི་བང་སོ་སྡེ་ཏིང་ལིན་བང་སོ་ལས་རིན་པོ་ཆེ་མང་པོ་ཞིག་བརྙེན།

ཅིད་པན་ཁྲུང་འབྲུག་དགུ་བརྩེགས་མ་འདིའི་བདག་པོ་རྒྱལ་ཡུམ་ཞའོ་ཧྲོ་ཡིན་ལ། ཁོང་མཛད་སྒོ་དང་ཆོས་ལུགས་ཆོ་ག་སོགས་སུ་ཐེབས་སྐབས་གྱོན། ཅིད་པན་འདིའི་མཐོ་ཚད་ལ་ལི་སྨི48.5དང་ཚངས་ཐིག་ལ་ལི་སྨི23.7དང་ལྗིད་ཚད་ལ་སྟོང་ཁེ2.3ཡོད། བཟོ་བོས་ཐོག་མར་ཆོན་རྫས་ཀྱིས་དབུ་ཞྭའི་དབྱིབས་བཟོས་རྗེས་དར་གོས་ཀྱིས་བཏུམས་པ་དང་། མཇུག་མཐར་དེའི་སྟེང་དུ་རིན་པོ་ཆེའི་ཕྲ་རྒྱན་མང་པོ་བཏབ་ནས་བཟོས་པ་རེད། ཅིད་པན་གྱི་མདུན་དུ་འབྲུག་དགུ་དང་ཁྲུང་བརྒྱད། རྒྱབ་ཏུ་ཁྲུང་གཅིག་བཅས་འབྲུག་དགུ་དང་ཁྲུང་དགུ་ཡོད། སྟེང་དུ་རང་བྱུང་མར་གད་རྡོག་རིལ115དང་མུ་ཏིག་རྡོལ་རིལ4414ཡོད། བཟོ་དབྱིབས་ཕུན་སུམ་ཚོགས་ཤིང་མིག་ལ་མཛེས། ལོ་རྫོ་བཞི་བརྒྱ་ལྷག་འགོར་ཡང་ད་དུང་བཀྲག་མདངས་རྣམ་པར་བཞད་པས། ཏིང་ལིན་བང་སོའི་གྲོད་ཀྱི་རིན་པོ་ཆེ་རྩ་ཆེན་ཞིག་ཡིན། 2002ལོར་རྒྱལ་ཁབ་རིག་དངོས་ཅུས་ཀྱིས《རྒྱལ་ཕྱིར་འགྲེམ་སྟོན་མི་ཆོག་པའི་རིག་དངོས་སྒེར་དང་པོའི་དཀར་ཆག》ཏུ་བསྡུས་སོ། །

8 掐丝珐琅（fà láng）鱼藻纹高足碗

སི་སྐྱུད་ཕོར་པ་ཞབས་མཐོ་མ།

地点	中国国家博物馆	ཉར་ཡུལ།	ཀྲུང་གོ་རྒྱལ་གཉེར་རྟེན་མཛོད་ཁང་།
时代	明	དུས་སྐབས།	མིང་།

掐丝珐琅工艺是元代从阿拉伯地区传入中国的一种工艺。工匠们将设计好的图案用金属丝在金属胎体上用线描形式表现出来，在花纹中填入不同色彩的颜料（珐琅），然后放入火中烧制。金属丝、颜料在高温下熔化，并与器物融为一体，最后再进行打磨、防氧化的镀金处理，掐丝珐琅器物便制作完成。掐丝珐琅传入中国后，中国古人创造性地将其与制瓷结合在一起。该工艺在明代宗景泰年间（1450—1457）日臻成熟，因其成品多以蓝色为底，所以被称作“景泰蓝”。

这件明代景泰蓝“掐丝珐琅鱼藻纹高足碗”，高 10.4 厘米，口径 14.9 厘米，足径 4 厘米。底色为白色陶瓷，敞口，高足，碗内壁饰有鱼藻纹图案，外壁饰有莲花纹图案。该碗保存完好、色彩华丽，集制瓷、绘画、雕刻、镶嵌等技术于一身，是一件十分珍贵的明代景泰蓝制品。

སི་སྐྱུད་ཕོར་བའི་བཟོ་ལུགས་འདི་ཨ་རབ་ནས་ཀྲུང་གོར་དར་བ་རེད། ཐོག་མར་ཕོར་བའི་སྟེང་དུ་སྐྱ་ཐིག་འཐེན་པ་ལྟར་སི་སྐྱུད་བརྒྱན་ནས་ནང་དུ་ཚོན་རྫས་སྣ་ཚོགས་བླུགས་དགོས་ལ། དེ་ནས་མེ་ནང་དུ་བཞག་ནས་བསྲེག་ན་ལྕགས་སྐྱུད་དང་ཚོན་རྫས་སོགས་བཞུས་ཏེ་ཕོར་བ་དང་ངོ་བོ་གཅིག་ཏུ་གྱུར་འགྲོ། མཇུག་མཐར་དེ་ལ་ཞུན་བདར་བྱས་ནས་ངོས་འཇམ་པོ་དང་གཙང་མ་བྱ་དགོས། སི་སྐྱུད་ཕོར་བའི་བཟོ་ལུགས་དར་རྗེས། ཀྲུང་གོའི་མི་རྣམས་ཀྱིས་དེ་དང་རྫ་བཟོའི་ལག་ཤེས་གཉིས་གཅིག་ཏུ་བསྲེས། མིང་ཏའི་ཙུང་ཐེང་ཐའེ་ཡི་སྐབས་ཏེ་ཕྱི་ལོ་1450ནས་1457ལོ་ལ་དར་རྒྱས་ཆེན་པོ་བྱུང་། སྐབས་དེར་བྱུང་བའི་རྫ་ཆས་རྣམས་ཀྱིས་ཚོན་རྩི་སྔོན་པོ་རྩ་བའི་ཁ་དོག་ཏུ་བཟུང་བས། ཡོངས་གྲགས་སུ“ཐེང་ཐའེ་སྔོ་མདངས་མ”ཟེར།

ཐེང་ཐའེ་རྫ་ཕོར་སྔོ་མདངས་མའི་སི་སྐྱུད་ཕོར་བ་ཞབས་མཐོ་མ་འདིའི་མཐོ་ཚད་ལ་ལི་སྨི་10.4དང་ཁ་ཚད་ལ་ལི་སྨི་14.9དང་ཞབས་ཀྱི་ཚད་ལ་ལི་སྨི་4ཡོད། མཐིལ་དཀར་པོ་ཁ་ཞེང་ཆེ་ལ་ཞབས་མཐོ། ནང་ངོས་སུ་ཉ་རིས་དང་ཕྱི་ངོས་སུ་པདྨའི་རི་མོ་ཡོད། ཕོར་བ་ཉར་ཚགས་བྱས་པ་ལེགས་ཤིང་རི་མོ་མཛེས། རྫ་ཆས་དང་རི་མོ། འབྱུར་བཀོས་དང་ཕྲ་འགོད་པའི་ལག་རྩལ་འདུས་པ་སོགས་རིན་ཐང་ཆེ།

9 金蝉玉叶饰件

གསེར་འབུ་གཡང་ཞིའི་ལོ་འདབ་ཅན།

地点 南京博物院 ཉར་ཡུལ། ནན་ཅིང་རྟེན་མཛོད་གླིང་།

时代 明 དུས་སྐབས། མིང་།

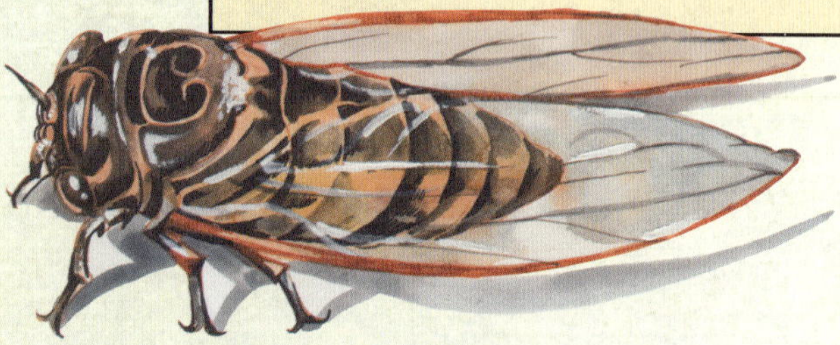

金蝉玉叶饰件，1954 年出土于江苏苏州，墓主人是明代中期进士张安晚的小妾。饰件由金蝉和玉叶两件文物组成，金蝉长 2.4 厘米，翅膀长 1.7 厘米；玉叶长 5.2 厘米，宽约 3.2 厘米。蝉由纯金制成，金光灿烂，它六脚向前爬，翅膀略微张开，身上纹路细致逼真，造型栩栩如生。叶子由上好的和田羊脂玉制成，叶子中间有一根主脉，两边有四根侧脉。叶子极薄，表面光滑细腻，极具真实感。

蝉又称作“知了”，谐音为树枝的“枝”。金蝉在树叶上，有金枝玉叶的寓意。金枝玉叶原指皇帝的女儿，后用来形容有钱人家的女儿。金蝉玉叶饰件工艺高超、寓意美好，是明代金银器、玉器的代表作。

གསེར་འབུ་གཡང་ཏེའི་ལོ་འདབ་ཅན་འདི་1954ལོར་ཅང་སུའུ་སུའུ་གྲོའུ་ཡི་བང་སོ་ཞིག་ལས་རྙེད། བདག་པོ་ནི་མིང་དུས་དཀྱིལ་གྱི་དཔོན་པོ་ཀྲང་ཨན་ཤུན་གྱི་བཙུན་མོ་ཀྲུན་མ་ཡིན། རྒྱན་ཆ་འདི་གསེར་གྱི་འབུ་སྲིན་དང་གཡང་ཏེའི་གཤོག་པ་གཉིས་ལས་གྲུབ་ཅིང་། འབུ་སྲིན་གྱི་རིང་ཚད་ལ་ལི་སྨི2.4དང་གཤོག་པའི་རིང་ཚད་ལ་ལི་སྨི1.7ཡོད། འདབ་མའི་རིང་ཚད་ལ་ལི་སྨི5.2དང་ཞེང་ལ་ལི་སྨི3.2ཡོད། འབུ་སྲིན་ནི་འོད་ཟེར་ལམ་ལམ་འཁྲོ་བའི་རིན་པོ་ཆེ་གསེར་ལས་གྲུབ་ཅིང་རྐང་པ་དྲུག་མདུན་དུ་བསྲིངས་ཏེ་གཤོག་པ་ཅུང་ཟད་བརྐྱངས། རི་མོ་ཧ་ཅང་གསལ་ཞིང་གསོན་ཉམས་ལྡན། འདབ་མ་ནི་ལི་ཡུལ་གྱི་གཡང་ཏེས་གྲུབ་ཅིང་སྲབ་ལ་ངོས་ཤིན་ཏུ་འཇམ།

འབུ་སྲིན་སྔོང་པོའི་ལོ་འདབ་འདིས་རྒྱུ་ནོར་ལོངས་སྤྱོད་འཛོམས་ཤིང་སྐུ་གཟུགས་ལང་ཚོ་རྒྱས་པའི་དོན་དང་གོང་མའི་སྲས་མོ་མཆོན། ཕྱིས་སུ་གོང་མའི་སྲས་མོ་ལས་ཁྱིམ་ཚང་ཕྱུག་པོའི་སྲས་མོའང་མཚོན་པར་གྱུར། གསེར་འབུ་གཡང་ཏེའི་ལོ་འདབ་ཅན་འདིའི་བཟོ་རྩལ་ངོ་མཚར་ཞིང་མཚོན་དོན་གཏིང་ཟབ་པ་དང་། མིང་རྒྱལ་རབས་ཀྱི་གསེར་དངུལ་གཡང་ཏེ་བཟོ་བའི་ཚབ་མཆོན་ཡིན།

10

凤凰形金插饰

ཁྲུང་དབྱིབས་མགོ་རྒྱན་ཁ་སྒྲོར་མ།

地点 南京博物院　　ཉར་ཡུལ། ནན་ཅིང་རྟེན་མཛོད་ཁྲིང་།

时代 明　　དུས་སྐབས། མིང་།

凤凰形金插饰，1977 年出土于江苏南京一座明代墓葬中。墓主人地位显赫，为明朝开国功臣中山王徐达的五世孙——魏国公、执掌南京军事的徐俌（fǔ），金插饰是其夫人的陪葬品，是一对尖嘴、细长冠、丹凤眼，外形相同的凤凰，长约 22 厘米，宽 6.3 厘米，分别重 83 克、85 克。凤凰脚踩如意祥云，昂首挺胸、展翅欲飞。祥云下有一根细长的弯钩状金针，可以将其固定在凤冠上。

明代黄金首饰的工艺，继承了前代的技法，并做了进一步的改进。这件黄金凤凰的头、爪是用谷粒般大小的金珠一粒一粒垒成的，凤凰羽毛、祥云是用发丝般粗细的金丝层层交织而成的。凤凰是百鸟之王，象征着富贵吉祥，是中国古代常见的饰物形象。凤凰形金插饰工艺复杂，是一件十分珍贵的明代金器工艺品。

ཁྱུང་དབྱིབས་མགོ་རྒྱན་ཁ་སྦྱོར་མ་ནི་1977ལོར་ཅང་སྦུའུ་ནན་ཅིང་གི་མིང་རྒྱལ་རབས་ཀྱི་བང་སོ་ཞིག་ལས་བཏོན། ད་ལྟ་བདག་ནི་མིང་རྒྱལ་རབས་གསར་འཛུགས་ལ་མཛད་རྗེས་ཆེ་བའི་བློན་ཆེན་ཕང་ཞུས་ཏའི་མི་རབས་ལྔ་པ་སྟེ་ནན་ཅིང་དམག་སྤྱི་ཞུས་རྒྱ་ཡི་ལྕམ་མོ་རེད། ཁྱུང་གི་མཆུ་རྣོ་ཞིང་ཟླ་བ་རིང་། མིག་ཆེ་ལ་རྣམ་པ་བྱ་དང་མཚུངས། རིང་ཚད་ལ་ལི་སྨི་22དང་ཞེང་ཚད་ལ་ལི་སྨི་6.3ཡོད། སོ་སོའི་ལྗིད་ཚད་ལ་ཁེ་83དང་ཁེ་85ཡོད། ཁྱུང་གི་རྐང་པ་སྤྲིན་དཀར་སྟེང་དུ་བཞག་ཅིང་གཤོག་ཟུང་བརྐྱངས་ཏེ་འཕུར་གྲབས་བྱེད། སྤྲིན་འོག་ཏུ་གསེར་སྐུད་ཞྭ་ལ་བཀུག་པ་ཞིག་ཡོད་པ་ནི་སྐྲའི་ལན་བུར་འཛེར་ནས་བརྟན་པོ་ཡོང་ཆེད་ཡིན།

མིང་རྒྱལ་རབས་ཀྱི་གསེར་གྱི་རྒྱན་ཆས་བཟོ་ལུགས་དུས་རབས་སྔ་མའི་བཟོ་ལུགས་ཀྱི་རྨང་གཞིའི་ཐོག་འཕེལ་རྒྱས་བཏང་བ་ཡིན། གསེར་གྱི་ཁྱུང་མགོ་དང་སྟེར་མོ་ནས་འབྲུ་ལྷ་བུའི་གསེར་རྡོག་རེ་རེ་བརྩེགས་ནས་གྲུབ་ཅིང་། ཁྱུང་གི་སྤུ་དང་སྤྲིན་པ་ནི་སྐྲ་ལོ་ལྟ་བུའི་གསེར་སྐུད་བརྒྱུས་ཏེ་གྲུབ། ཁྱུང་ནི་འདབ་ཆགས་རྒྱལ་པོ་སྟེ། བཀྲ་ཤིས་ཤིང་དོན་འགྲུབ་པའི་དོན་མཚོན་པས་གནའ་བོའི་ཀུང་གོའི་རྒྱན་མཐོང་མཛེས་སྡུས་ཤིག་ཡིན། ཁྱུང་དབྱིབས་མགོ་རྒྱན་ཁ་སྦྱོར་མ་འདིའི་བཟོ་དབྱིབས་རློག་འཛིང་ཆེ་བ་དང་མིང་རྒྱལ་རབས་ཀྱི་གསེར་ཆས་ངོ་མཚར་བ་ཞིག་རེད།

11 明仿宋针灸铜人

མིང་གི་སྐམ་ཁབ་ཟངས་མི།

地点 中国国家博物馆　ཉར་ཡུལ། ཀྲུང་གོ་རྒྱལ་གཉེར་རྟེན་མཛོད་ཁང་།

时代 明　དུས་སྐབས། མིང་།

中医认为，人体中分布着许多气血运行的经脉。经脉堵塞，气血运行不通畅，便可导致人生病。针灸是中医诊疗的重要组成部分，治病时将细针准确插入患者体内特定的穴位中，便可治疗某些疾病。中医在传承教学的过程中，逐渐发明了人体经脉模型。早期模型多为木质，随着冶炼技术的发展，宋代发明铜质模型。

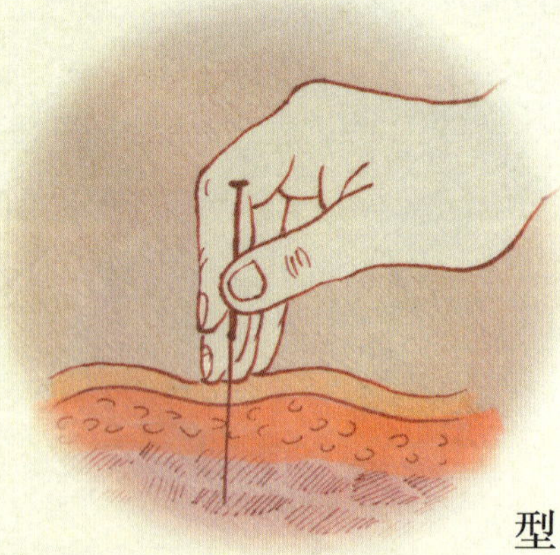

铜人内部中空，表面有许多穴位小孔。使用时，人们用蜡堵住小孔，向铜人体内注满温水。铜人穿有衣服，练习者需要准确判断出穴位的位置，用细针插入铜人经脉，体内的水就会流出。如果位置有误，便不会插入铜人体内。

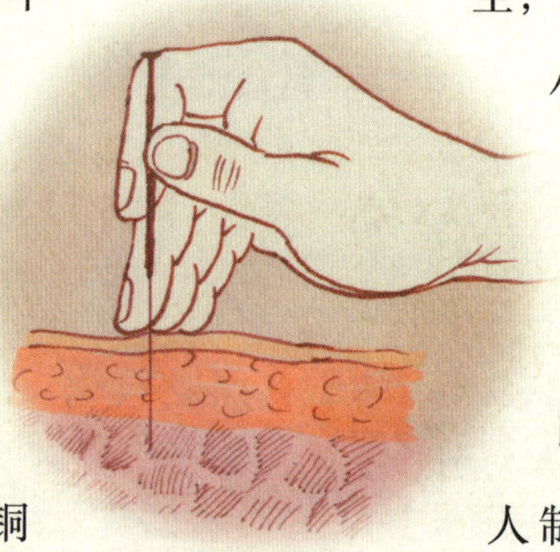

中国国家博物馆收藏的明代正统年间的针灸铜人，仿照宋代针灸铜人制作，高213厘米，身上有559个穴位名称以及666个针灸点，是我国现存文物中体积最大、时代较早的针灸铜人，对研究中国古代中医发展具有重要的价值。

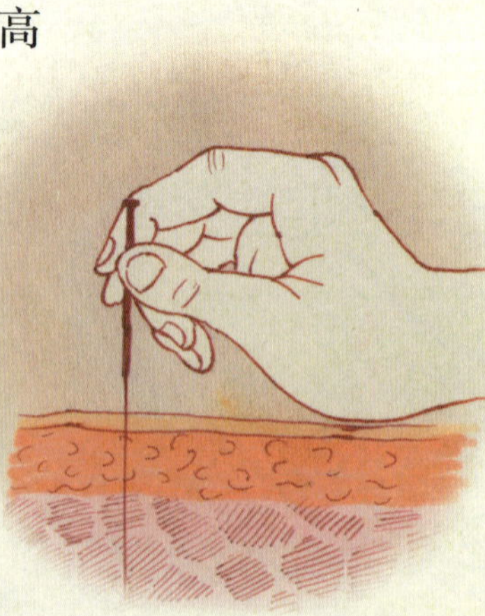

ཀྲུང་ལུགས་གསོ་རིག་ལྟར་ན། མིའི་ལུས་སྟེང་ན་ཁྲག་རྩ་མང་པོ་ཡོད་པ་དང་རྒྱུན་དུ་ཁྲག་རྩ་འགག་པའི་གནས་ཚུལ་འབྱུང་། གལ་སྲིད་མིའི་ཁྲག་རྩ་རྩ་བ་ནས་འགག་ཚེ་ཚེ་སྲོག་ལ་བར་ཆད་ཡོད། སྐམ་ཁབ་ནི་ཀྲུང་ལུགས་གསོ་རིག་གི་སྒྲུབ་ཆ་གལ་ཆེན་ཞིག་ཡིན། ནད་བཅོས་སྐབས་སུ་སྐམ་ཁབ་ནད་པའི་ཁྲག་རྩའི་སྟེང་བསྣུན་ཏེ་ནད་བཅོས་བྱེད། ཀྲུང་ལུགས་གསོ་རིག་གི་སློབ་ཁྲིད་རྒྱུན་འཛིན་དང་དར་སྤེལ་གོ་རིམ་ཁྲོད་དུ། མིའི་ལུས་པོའི་དབྱིབས་ལ་བརྟེན་ནས་དམར་ཁྲིད་བྱེད་པའི་ལུགས་གསར་དུ་བཏོད། དེའང་ཐོག་མའི་དུས་ཀྱི་མིའི་གཟུགས་དབྱིབས་ཀྱི་རྒྱུ་ཆ་ཤིང་ཡིན། ལྕགས་རིགས་བཙོ་སྦྱོང་ལག་རྩལ་ཇེ་མཐོར་སོང་བ་དང་བསྟུན། སུང་རྒྱལ་རབས་སུ་ཟངས་བཟོས་མི་གཟུགས་བྱུང་། ཟངས་མི་ཡི་ཁོག་པ་སྟོང་པ་དང་ཕྱི་ངོས་སུ་ཁྲག་རྩའི་ཕྲ་ཁུང་མང་པོ་བཏོད་ཡོད། སློབ་ཁྲིད་སྐབས་སུ་ཟངས་མི་སྤྱད་ནས་ཕྲ་ཁུང་ཕྲ་ཚིལ་གྱིས་བཅད་དེ་ཁོག་པའི་ནང་དུ་ཆུ་ཚ་ལྡུགས་པ་དང་། ཟངས་མི་ལ་ལྭ་གྱོན་ཏེ་རྩ་གནས་མ་ཉོར་བར་ངོས་བཟུང་སྟེ་སྐམ་ཁབ་བསྣུན་ན་ད་གཟོད་ཟངས་མིའི་ཁོག་གི་ཆུ་ཕྱིར་འདོན་ཐུབ། གལ་སྲིད་རྩ་གནས་ངོས་འཛིན་ནོར་འཁྲུལ་བྱུང་ཚེ་སྐམ་ཁབ་ཟངས་མིའི་སྟེང་དུ་བསྣུན་མི་ཐུབ།

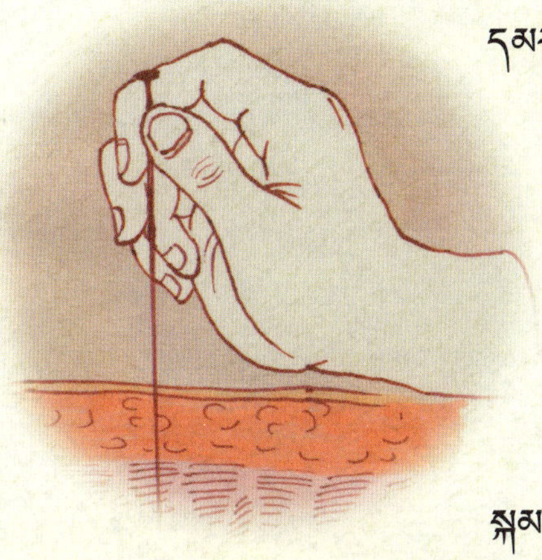

མིང་གི་ཟངས་མི་འདི་སུང་རྒྱལ་རབས་སྐབས་ཀྱི་སྐམ་ཁབ་ཟངས་མི་ལ་ལད་མོ་བྱས་ཏེ་བརྟུངས། མཐོ་ཚད་ལ་ལི་སྨི་213དང་ལུས་སྟེང་དུ་རྩ་གནས་559དང་ཁབ་གནས་666ཡོད་ལ། རང་རྒྱལ་ནས་ཉར་བའི་བོངས་ཚད་ཆེ་ཞིང་དུས་ཚོད་ཅུང་སྔ་བའི་ཟངས་མི་ཡིན་པས། གནའ་བོའི་ཀྲུང་ལུགས་གསོ་རིག་ལ་ཞིབ་འཇུག་བྱེད་པར་རིན་ཐང་གལ་ཆེན་ལྡན།

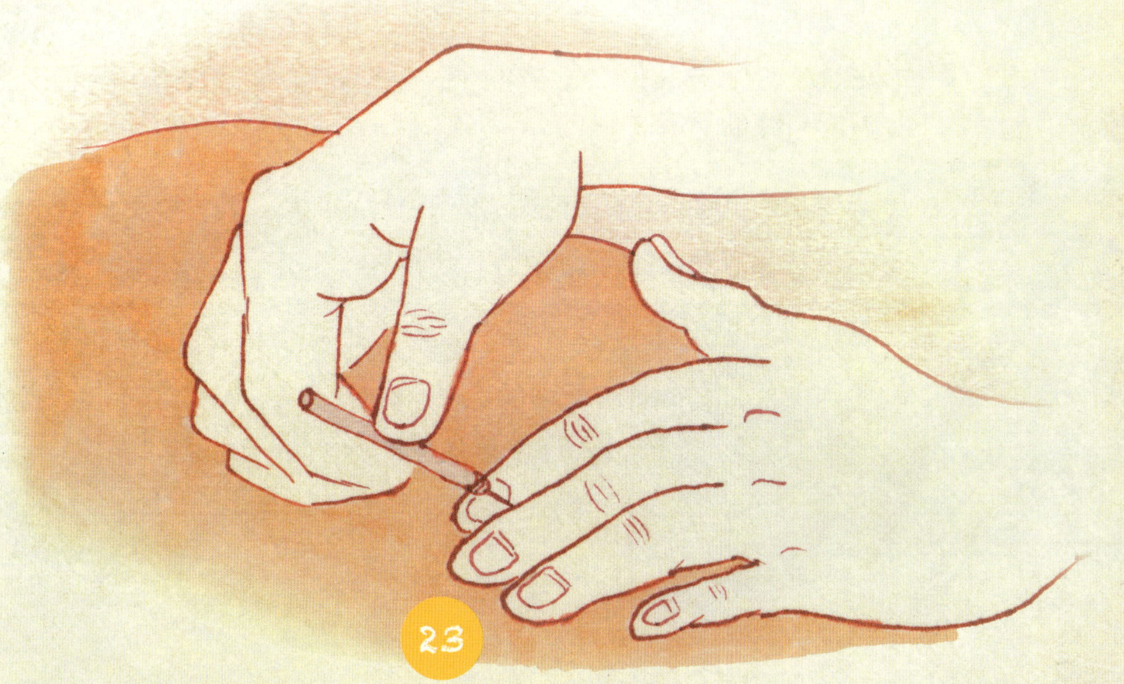

12 明状元赵秉忠殿试卷

ཀྲང་ཡོན་ཀྲའོ་པིང་ཀྲུང་གི་རྒྱུགས་ཤོག།

地点　青州博物馆　　ཉར་ཡུལ།　ཆིང་ཀྲོའུ་རྟེན་མཛོད་ཁང་།

时代　明　　དུས་སྐབས།　མིང་།

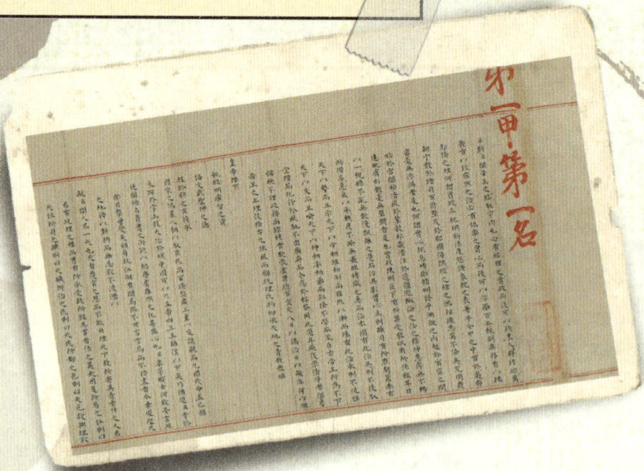

生活中人们常将中考、高考的第一名称作“状元”，这一称呼源于中国古代的科举制。殿试是科举制的最高一级考试，学子通过后便可以获得进士身份。殿试考试的第一名被称作“状元”,二、三名分别称作“榜眼”“探花”。

据统计，在科举制实行的 1300 多年里，一共有 600 多名状元和 10 万多名进士。在山东青州市博物馆中，保存有明代状元赵秉忠参加殿试的试卷，长 3.3 米，宽 38 厘米。这份试卷卷头长约 70 厘米，填写考生个人基本信息；中间部分长约 2 米，是试卷的正文，赵秉忠用工整的小楷写成，共 2460 字。前面有万历皇帝朱批“第一甲第一名”六个大字。进士分为三甲，第一甲是最高一档，第一甲第一名意思是进士中的第一名，即“状元”。明状元赵秉忠殿试卷是现存最早的状元试卷，对研究中国古代科举制具有重要的意义。

ཀྱིའི་འབྲིང་རྒྱུགས་དང་མཐོ་རྒྱུགས་སྐབས་སུ་ཨང་དང་པོ་ཐོབ་མཁན་ལ་ཀྲོང་ཡོན་ཞེས་འབོད་ཅིང་། མིང་འདི་ཀྲུང་གོའི་གནའ་བོའི་རྒྱུགས་ལེན་ལམ་ལུགས་ལས་བྱུང་། གོང་མའི་རྒྱུགས་ལེན་ནི་རྒྱུགས་ལེན་ལམ་ལུགས་ཀྱི་རིམ་པ་མཐོ་ཤོས་ཡིན། སློབ་བུ་རྣམས་དེ་ལས་རྒྱལ་ཚེ་དཔོན་གནས་རེག་ཐུབ། གོང་མའི་རྒྱུགས་ལེན་སྐབས་ཀྱི་ཨང་དང་པོ་ཐོབ་མཁན་ལ“ཀྲོང་ཡོན”དང་ཨང་གཉིས་པ་གསུམ་པ་ལ“པང་ཡན”དང“ཐན་ཧྭ”ཟེར།

རྩིས་བླངས་པ་ལྟར་ན། རྒྱུགས་ལེན་ལམ་ལུགས་ལག་བསྟར་བྱས་པའི་ལོ་ངོ་1300ཡི་རིང་ལ་ཀྲོང་ཡོན་600དང་ཅིན་ཧྲི་ཁྲི་10ལྷག་བྱུང་། ཧུན་ཧྥུང་ཆིང་ཀྲོའུ་ཧྲེན་མཛོད་ཁང་དུ་མིང་རྒྱལ་རབས་སྐབས་ཀྱི་ཀྲོང་ཡོན་ཀྲའོ་ཕིང་ཀྲུང་གི་གོང་མའི་རྒྱུགས་ལེན་གྱི་རྒྱུགས་ཤོག་ཆ་ཚང་ཞིག་ཡོད། འདིའི་རིང་ཚད་ལ་སྨི3.3དང་ཞེང་ཚད་ལ་ལི་སྨི38ཡོད། རྒྱུགས་ཤོག་སྟེ་མོའི་ལི་སྨི70ཡི་སར་རྒྱུགས་ལེན་མཁན་གྱི་གནས་ཚུལ་དང་། དཀྱིལ་གྱི་སྨི2ཙམ་གྱི་སར་རྒྱུགས་ཀྱི་ནང་དོན་དངོས་བྲིས་ཡོད། དེར་ཀྲའོ་ཕིང་ཀྲུང་གིས་བྲིས་པའི་སྦུག་རིང་ཡིག་ཚུར2460ཡོད། རྒྱུགས་ཡིག་སྟོན་དུ་གོང་མ་ཕན་ལིས“ཨང་དང་པོའི་དང་པོ”ཞེས་པའི་མཆན་མཛད་ཡོད། ཅིན་ཧྲི་ལ་རིམ་པ་གསུམ་ཡོད་དེ། རིམ་པ་དང་པོ་ནི་ཚད་རིམ་ཆེས་མཐོ་ཤོས་ཡིན། དེའི་ཨང་དང་པོ་ནི་དང་པོའི་དང་པོ་སྟེ་ཀྲུང་ཡོན་ལ་གོ་དགོས། ཀྲའོ་ཕིང་ཀྲུང་གི་རྒྱུགས་ཤོག་འདི་མིག་སྔར་ཡོད་པའི་ཆེས་སྔ་བའི་ཀྲོང་ཡོན་གྱི་རྒྱུགས་ཤོག་ཡིན་པས། གནའ་བོའི་ཀྲུང་གོའི་རྒྱུགས་ལེན་ལམ་ལུགས་ལ་ཞིབ་འཇུག་བྱེད་པའི་རྒྱུ་ཆ་གལ་ཆེན་ཞིག་རེད།

13 《秋风纨扇图》

《སྟོན་རླུང་ཁྲོད་བསིལ་གཡབ་འགྲུགས་པའི་རི་མོ།》

地点 上海博物馆 ཉར་ཡུལ། ཧྲང་ཧའི་རྟེན་མཛོད་ཁང་།
时代 明 དུས་སྐབས། མིང་།

唐寅（1470—1523），就是大家所熟悉的唐伯虎，明代著名的画家、书法家、诗人。他出生于苏州一个商人家庭，自幼聪慧，16 岁中秀才第一名。后因家庭变故，放浪一时。在友人的劝说下，29 岁参加乡试，又取得第一名。不幸的是，次年唐伯虎进京参加进士考试时，受到他人作弊牵连，永远不能参加进士考试。仕途被断后，唐寅以卖画为生，擅长山水、人物、花鸟各科。

这幅《秋风纨扇图》是唐寅绘画的代表作之一。画长 39 厘米，高 77 厘米，内容取自汉成帝妃子班婕妤的《团扇歌》。画中一妇人拿着扇子，伫立在瑟瑟秋风中。妇人侧身凝望，眉宇间透露出一种怅然若失的神情。在画的左上方，唐寅还题诗一首：“秋来纨扇合收藏，何事佳人重感伤。请把世情详细看，大都谁不逐炎凉。”画中妇人的处境，也是唐寅当时心境的写照。

ཐང་དབྱིན་(1470ནས་1523)ནི་མིང་རྒྱལ་རབས་ཀྱི་ཡིག་མཁན་དང་རི་མོ་པ། སྟན་ངག་པ་གྲགས་ཅན་ཐང་པོ་ཧྲུའུ་ཡི་མཚན་གཞན་ཡིན། ཁོང་སུའུ་ཀྲོའུ་ཡི་འཚོང་ལྡན་ཁྱིམ་ཚང་ཞིག་ནས་སྐྱེས་པ་དང་ཆུང་དུས་ནས་རྣམ་རིག་གསལ། ལོ་ན་16སྐྱེང་འཛོན་ནུས་རྒྱུགས་ལེན་ཁྲོད་ཨང་དང་པོ་ཐོབ། ཕྱིས་སུ་ཁྱིམ་ཚང་གི་གནད་དོན་ འབའ་ཞིག་གི་རྐྱེན་གྱིས་ ཡུན་ཙམ་ལ་འཁྲུམ་པོར་གནས། གྲོགས་པོ་ཞིག་གི་སྐུལ་སློང་འོག་ལོ་29པར་གྲོང་དཔལ་རྒྱུགས་ལེན་ལ་ཞུགས་ནས་ཨང་དང་པོ་བླངས། དེ་ནས་ལོ་གཉིས་པར་ཅིན་ཧྲི་རྒྱུགས་ལེན་ལ་ཞུགས། འོན་ཀྱང་ཁོ་དང་སྐབས་གཅིག་པའི་མི་གཞན་གྱིས་རྒྱུགས་ལེན་ཉེས་སྐྱོན་བཟོས་པར་བརྟེན། ཁོའང་གཏན་ནས་ཅིན་ཧྲི་ལ་ཞུགས་མི་ཆོག་པ་བྱུས། དེ་ལྟར་དཔོན་གནས་ཀྱི་ལམ་བུར་བར་ཆད་བྱུང་བས་རི་མོ་བྲིས་པ་ལ་བརྟེན་ནས་འཚོ་བ་རོལ།

《སྟོན་ཀླུང་ཁྲོད་བསིལ་གཡབ་འཁྱུགས་པའི་རི་མོ་》འདི་ཐང་དབྱིན་གྱི་ཚབ་མཚོན་རི་མོ་སྟེ། རིང་ཚད་ལ་ལི་སྨི་39དང་མཐོ་ཚད་ལ་ལི་སྨི་77ཡོད་ཅིང་། ནང་དོན་ནི་གོང་མ་ཧན་ཁྲང་ཏིའི་བཙུན་མོ་པན་ཅེ་ཡུས་ཀྱི་《བསིལ་གཡབ་གཡུགས་པའི་གླུ་》ཞེས་པའི་དོན་ཡིན། རི་མོའི་ཁྲོད་བུད་མེད་ཅིག་གིས་བསིལ་གཡབ་བཟུང་ནས་སྟོན་ཀླུང་བསིལ་མོ་ལྡིང་བའི་ཁྲོད་དུ་འགྲེང་ཡོད་པ་དང་། ལུས་པོ་ཟུར་དུ་དགྱེས་ཏེ་སེམས་སྐྱོ་གདུང་གིས་ཁེངས་པའི་ངང་ཚུལ་བསྟན། ཐང་དབྱིན་གྱིས་འདི་ལ་སྙན་ཚིག་ཅིག་ཀྱང་སྦྱར་བ་ནི། དཔྱིད་ཀླུང་ལྷང་ཆེ་བསིལ་གཡབ་མི་དགོས་ཤིང་། །ཅི་ཡི་དོན་དུ་མཛེས་མའི་སེམས་པ་སྐྱེང་། །འཇིག་རྟེན་སྲིད་པའི་དོན་ལ་ལེགས་བལྟས་ཆེ། །སུ་ལ་སྡུག་བསྔལ་མེད་པར་བདེ་བར་འདུག །ཅེས་པ་ཡིན། རི་མོའི་ནང་གི་བུད་མེད་དེའི་གནས་སྟངས་ནི་ཐང་དབྱིན་ལགས་ཀྱི་སེམས་ཀྱི་དྲན་ཚུལ་དངོས་ཡིན་ནོ། །

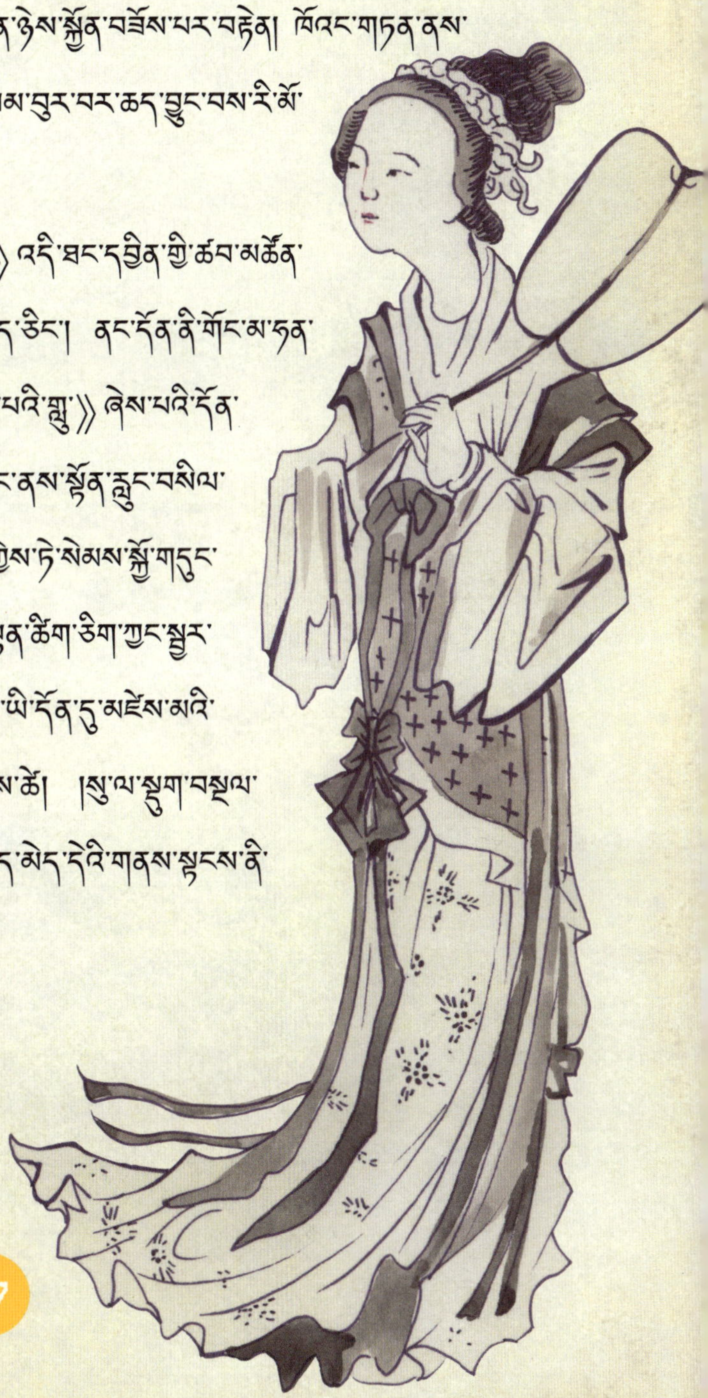

14 《丝路山水地图》

《དར་ལམ་རི་ཆུའི་ས་ཁྲ།》

地点 故宫博物院　ཉར་ཡུལ། པོ་བྲང་རྙིང་མ་རྟེན་མཛོད་ཁྲིང་།

时代 明　དུས་སྐབས། མིང་།

《丝路山水地图》又名《蒙古山水地图》，是明代中后期绘制在绢布上的地图。地图高 0.59 米，全长 30.12 米，描绘了东起嘉峪关西至天方（今沙特麦加）的交通、城池、河流、山川信息。该图包含的地理信息量巨大，绘制出丝路上许多重要城市，如中国的敦煌、乌兹别克斯坦的撒马尔罕、伊朗的伊斯法罕、叙利亚的大马士革，等等。

中国古代地图绘制有两种方式，一种是计里画方，一种是山水画。《丝路山水地图》采取的是第二种方法。图中是《丝路山水地图》的东方起点嘉峪关。嘉峪关夹在群山之间，用一个城楼表示，关门紧闭，旁边有汉字“嘉峪关”标注。关前有一条道路，与西边的赤金、扇马等城相连。《丝路山水地图》说明当时中国人对丝绸之路沿线地理已经有较清晰的认识，是我们理解明代地理知识、地图绘制的重要资料。

《དར་ལམ་རི་ཆུའི་ས་ཁྲ་》ལ་《སོག་པོའི་རི་ཆུའི་ས་ཁྲ་》ཞེས་ཀྱང་འབོད། མིང་དུས་དཀྱིལ་དང་དུས་མཇུག་ཙམ་ལ་དར་གོས་ཐོག་ཏུ་བྲིས་པ་སྟེ། མཐོ་ཚད་ལ་སྨི0.59དང་རིང་ཚད་ལ་སྨི30.12ཡོད། ངོས་སུ་ཤར་ཅ་ཡུས་འགག་ནས་ནུབ་ཏུ་ཐེ་མའི་ཅ་བར་གྱི་འགྲིམ་འགྲུལ་དང་གྲོང་ཁྱེར། གཙང་པོ། རི་ལུང་སོགས་བྲིས་ཡོད། ས་ཁྲ་འདིར་ས་ཁམས་ཀྱི་གནས་ཚུལ་མང་པོ་དང་དར་ལམ་སྟེང་གི་གྲོང་ཁྱེར་གཙོ་བོ་ཀྲུང་གོའི་ཏུན་ཧོང་དང་ཕྱུའུ་ཅི་ཕིའི་ཁོ་སི་ཐན་གྱི་སྨ་མ་ཨེར་ཧན། དབྱི་རན་གྱི་དབྱི་སི་ཧྥ་ཧན་དང་སི་རི་ཡའི་དྷ་མ་ཧི་ཁོ་སོགས་བཀོད་ཡོད།

གནའ་དུས་ཀྲུང་གོའི་མི་རྣམས་ལ་ས་ཁྲ་བཟོ་སྟངས་གཉིས་ཡོད། གཅིག་ནི་སྤྱི་ལེ་བསྒྲིས་ཏེ་འབྲི་བ་དང་གཅིག་ནི་རི་ཆུ་གཙོར་འགོད་པ་ཡིན། 《དར་ལམ་རི་ཆུའི་ས་ཁྲ་》ལ་འབྲི་ཐབས་རིགས་གཉིས་པ་སྤྱོད་འདུག། དར་ལམ་གྱི་ཤར་ཅ་ཡུས་འགག་ནས་མགོ་ཚུགས། འགག་དེ་རི་བོའི་མུ་ཁྱུད་ཀྱིས་བསྐོར་ནས་མཁར་ཞིག་ཡོད་པ་དེའི་སྒོ་གདན་ཡོད། སྒོ་འགྲམ་དུ་རྒྱ་ཡིག“ཅ་ཡུས་འགག”ཅེས་པ་ཡོད། མདུན་དུ་ལམ་ཞིག་ཡོད་པ་དེ་མཁར་གཞན་ལ་གཏད། ས་ཁྲ་འདིས་སྐབས་དེར་ཀྲུང་གོའི་མི་རྣམས་ཀྱིས་དར་ལམ་སྟེང་གི་རྒྱལ་ཁབ་དང་ས་གནས་སོ་སོར་ངོས་ཟིན་ཟབ་མོ་ཡོད་པ་མཚོན་ཞིང་། མིང་རྒྱལ་རབས་སྐབས་ཀྱི་ས་ཁམས་ཤེས་བྱ་དང་ས་ཁྲ་རྩུས་འབྲི་སོགས་ལ་རྒྱུས་ལོན་བྱེད་པའི་རྒྱུ་ཆ་གལ་ཆེན་ཞིག་རེད།

15 《坤舆万国全图》

《འཛམ་གླིང་ཀུན་ཁྱབ་ས་ཁྲ།》

地点	南京博物院	ཉར་ཡུལ།	ནན་ཅིང་རྟེན་མཛོད་གླིང་།
时代	明	དུས་སྐབས།	མིང་།

意大利人利玛窦（1552—1610），是一名天主教传教士，1582 年被罗马教廷派往中国传教。利玛窦在传教的同时，将西方先进的科学也传播到了中国。1602 年，他与中国人李之藻共同绘制出《坤舆万国全图》，该图根据西方当时的世界地图改绘，绘成后献给了明朝的万历皇帝。

《坤舆万国全图》原图已经失传，现存 1608 年的彩色摹绘本，收藏于南京博物院。此摹本高 168 厘米，长 380 厘米，用不同颜色、不同文字标注出五大洲、国家、城市、河流等名称，海洋用深绿色表示。四个角还有四幅天文图及地理图，海洋、南极洲中还绘有鲸、鲨、海狮、大象、狮子、鸵鸟等动物。由于当时地理知识有限，图中绘有南极洲却没有澳大利亚。摹本《坤舆万国全图》是国内现存最早的世界地图，在中国地理学史上具有重要的地位。

དབྱི་ཐ་ལིའི་ལི་མ་ཏོའུ་(1552ནས་1610)ནི་གནམ་བདག་ཆོས་ལུགས་སྤེལ་མཁན་ཞིག་ཡིན། 1582ལོར་རོམ་ཆོས་ཚོགས་ཀྱིས་ཁོ་ཀྲུང་གོར་མངགས། ལི་མ་ཏོའུ་ཡིས་ཆོས་སྤེལ་བ་དང་མཉམ་དུ་ནུབ་ཕྱོགས་ཀྱི་སྔོན་ཐོག་ལག་རྩལ་ཡང་ཀྲུང་གོར་སྤེལ། 1602ལོར་ཁོ་དང་ཀྲུང་གོ་པ་ལི་ཀྲི་ཚའོ་གཉིས་ཀྱིས་ཐུན་མོང་སྒྲོས་《འཛམ་གླིང་ཀུན་ཁྱབ་ས་ཁྲ་》བྲིས། འདི་ནི་སྐབས་དེའི་ནུབ་ཕྱོགས་ཀྱི་འཛམ་གླིང་ས་ཁྲ་ལ་དཔེ་བལྟས་ནས་བྲིས་པ་དང་། བྲིས་ཚར་རྗེས་མིང་གོང་མ་ཝན་ལི་ལ་ཕུལ།

《འཛམ་གླིང་ཀུན་ཁྱབ་ས་ཁྲའི་》མ་ཡིག་བོར་ཟིན་ལ། ད་ལྟའི་འདི་ནི་1608ལོར་བྲིས་པའི་ཚོན་བྲིས་འདྲ་བཤུས་ཡིན། བཤུས་དཔེའི་མཐོ་ཚད་ལ་ལི་སྨི་168དང་རིང་ཚད་ལ་ལི་སྨི་380ཡོད། ཁ་དོག་མི་འདྲ་བ་དང་ཡི་གེ་མི་འདྲ་བས་གླིང་ལྔ་དང་རྒྱལ་ཁབ། གྲོང་ཁྱེར། གཙང་པོ་སོགས་ཀྱི་མིང་བཀོད་ཡོད། རྒྱ་མཚོ་ནི་ཁ་དོག་ལྗང་ཁུ་ཡིན་ལ་ཟུར་བཞིར་གནམ་རིག་དང་ས་ཁམས་རི་མོ་མི་འདྲ་བ་བཞི་ཡོད། རྒྱ་མཚོ་དང་ལྷོ་སྣེ་གླིང་དུ་ད་དུང་ཉ་སྲམ་དང་གླང་ཆེན། སེངྒེ་སོགས་བཀོད། སྐབས་དེའི་ས་ཁམས་ཤེས་བྱ་ལ་ཚད་ཡོད་པས། ས་ཁྲ་དེར་ཨོ་སི་ཁྲུ་ལི་ཡ་མི་འདུག། 《འཛམ་གླིང་ཀུན་ཁྱབ་ས་ཁྲའི་》དཔེ་བཤུས་འདི་མིག་སྔར་རྒྱལ་ནང་དུ་ཡོད་པའི་ས་ཁྲ་ཆེས་སྔ་ཤོས་ཡིན་པས། ཀྲུང་གོའི་ས་ཁམས་ལོ་རྒྱུས་སྟེང་གི་གནས་གལ་ཆེན་ཟིན།

16 明衍圣公赤罗朝服

ཡན་ཧེང་ཀུང་ཁྲ་ལུའོ་ཡི་དཔོན་ཆས།

地点	山东博物馆	ཉར་ཡུལ།	ཧྲན་ཏུང་རྟེན་མཛོད་ཁང་།
时间	明	དུས་སྐབས།	མིང་།

孔子，春秋时期鲁国人，中国古代思想家、政治家、教育家，儒家学说的创始人。汉武帝为了加强封建统治，接受董仲舒建议，“罢黜百家，独尊儒术”。此后，儒家学说成为封建王朝的正统思想，孔子也为历代君王所尊崇。唐代时，孔子被追封为文宣王。宋仁宗时，孔子后人被封为衍圣公，负责祭祀孔子及儒家圣贤。衍圣公称号由孔子后裔世代沿袭，直至民国时取消。

山东博物馆收藏的这件衍圣公赤罗朝服，由上衣下裳两件衣服组成。上衣长 118 厘米，袖子长 250 厘米，袖口很宽，交领。下裳长 89 厘米，腰围 129 厘米。朝服用红色的罗（轻薄的丝织物）缝制而成，边缘有蓝色的宽边。唐以后，官员级别和服装颜色有着严格的规范。衍圣公为一品文官，才有资格穿这种红色朝服。明衍圣公朝服是现存最早、保存最完整的明代朝服，是研究明代官员服饰制度的重要资料。

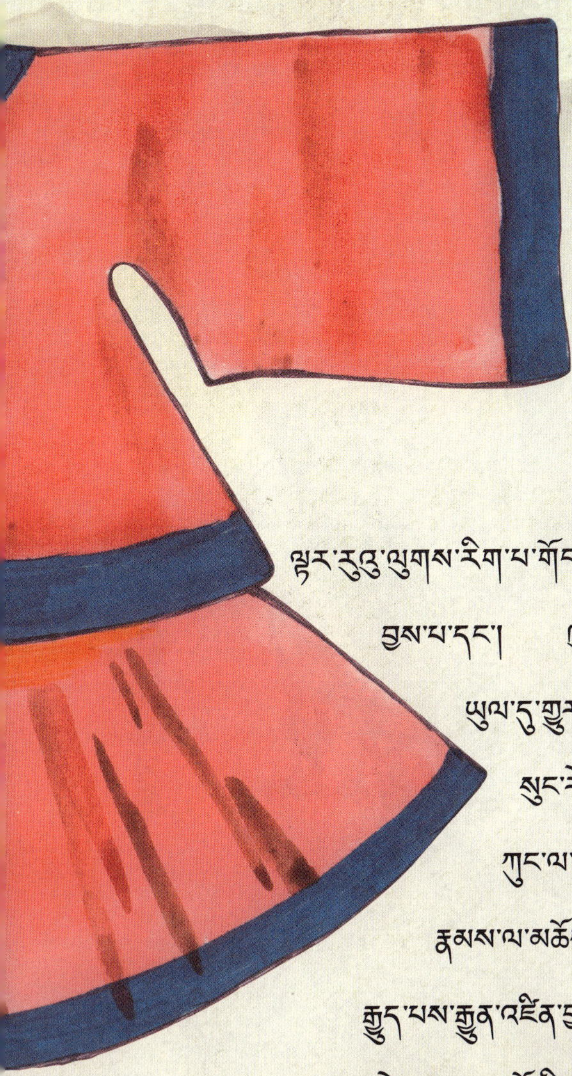

ཁྲུང་ཅི་ནི་ཁྲུན་ཆིའུ་ལུའུ་རྒྱལ་ཁབ་ཀྱི་མི་སྟེ། གཞན་པོའི་ཀུང་གོའི་བསམ་བློ་བ་དང་ཆབ་སྲིད་པ། སློབ་གསོ་བ། རྡུའུ་ལུགས་ཤིང་རྟའི་སྲོལ་འབྱེད་པ་ཡིན། གོང་མ་ཧན་ཕྱུའུ་ཉིས་བཀས་བཀོད་རྒྱུད་འཛིན་གྱི་དབང་སྐྱུར་ལ་ཕྲུགས་རྒྱག་ཆེད། བློན་ཆེན་ཏུང་ཀྲུང་ཧྲུའུ་ཡི་བསམ་ཚུལ་ལྟར་རྡུའུ་ལུགས་རིག་པ་གོང་མའི་སྲིད་གཞུང་གི་བསམ་བློའི་རིག་གནས་ལ་གཏན་ཁེལ་ཐུས་པ་དང་། ཁྲུང་ཅིའང་དུས་རབས་རིམ་བྱོན་གྱི་གོང་མས་མཆོད་བཀུར་བྱ་ཡུལ་དུ་གྱུར། ཐང་རྒྱལ་རབས་སུ། ཁྲུང་ཅི་ཕྱུན་ཞོན་ཕང་ལ་བསྐོས། ཤུང་རིན་ཙུང་གི་སྐབས་སུ། ཁྲུང་ཅིའི་རྒྱུད་པ་རྣམས་ཡན་ཧྲེང་ཀུང་ལ་བསྐོས་ཏེ། ཆེད་དུ་ཁྲུང་ཅི་དང་རྡུའུ་ལུགས་ཀྱི་དམ་པ་གོང་མ་རྣམས་ལ་མཆོད་བཀུར་བྱེད་པའི་བྱ་བ་བསྐྱུབས། དེ་ནས་བཟུང་ཡན་ཧྲེང་ཀུང་གི་ཚེ་ལོ་ཁྲུང་ཅིའི་རྒྱུད་པས་རྒྱུན་འཛིན་བྱས་པ་དང་། མིང་གོའི་སྐབས་སུ་དུ་གཞོད་མེད་པར་བཟོས།

ཡན་ཧྲེང་ཀུང་ཁྲུ་ལུའོ་ཡི་དཔོན་ཆས་འདི་སྟོད་གོས་དང་སྨད་ལྭ་གཉིས་ཀྱིས་གྲུབ། སྟོད་གོས་ཀྱི་རིང་ཐུང་ལ་ལི་སྨི་118དང་ཕུ་ཐུང་གི་རིང་ཚད་ལ་ལི་སྨི་250ཡོད། གོང་བ་བསྡོལ་མར་ཡོད་ཅིང་ཞེང་ཆེ། སྨད་ལྭའི་རིང་ཚད་ལ་ལི་སྨི་89དང་སྐེད་པའི་ཚད་ལ་ལི་སྨི་129ཡོད། དཔོན་ཆས་འདི་གོས་སྲབ་དམར་པོས་བཟོས་པ་དང་། མཐའ་འདབ་ལ་ཁ་རྒྱན་ལྷོང་ཁྲུ་བཏབ་ཡོད། ཐང་གི་རྗེས་ནས་བཟུང་། དཔོན་པོའི་རིམ་པ་མི་འདྲ་བ་ལྟར་དཔོན་ཆས་ཀྱི་ཁ་དོག་ཀྱང་མི་འདྲ་བ་ཡིན། ཡན་ཧྲེང་ཀུང་ནི་རིག་གནས་ཀྱི་དཔོན་པོ་རིམ་པ་དང་པོ་ཡིན་པས། ཁ་དོག་དམར་པོ་གྱོན་ཆོག། འདི་ནི་མིག་སྔར་ཡོད་པའི་མིང་གི་དཔོན་ཆས་ཆེས་སྔ་ཤོས་དང་ཆ་ཚང་ཤོས་ཡིན་པས། མིང་རྒྱལ་རབས་ཀྱི་དཔོན་ཆས་ལམ་ལུགས་ལ་ཞིབ་འཇུག་བྱེད་པར་རིན་ཐང་ལྡན།

17 泥塑彩绘关羽像

ཀོན་ཡུས་ཀྱི་འཛིམ་སྐུ་ཚོན་ཕྲ་མ།

地点 故宫博物院 ཉར་ཡུལ། པོ་བྲང་རྙིང་མ་རྟེན་མཛོད་གླིང་།

时代 明 དུས་སྐབས། མིང་།

关羽（161—220），字云长，今山西运城人，汉末三国著名将领。他与张飞追随刘备，三人情同手足。关羽喜欢读《春秋》，武艺高强，能征善战，为蜀汉政权的建立立下汗马功劳，对刘备也忠心耿耿，其身上忠、勇、义的品质备受民间推崇。历代统治者为了维护自身统治也大力宣扬关羽。明清时期，关羽被追封为“关圣帝君”“武圣”，与孔子的“文圣”齐名，供奉关羽的“关帝庙”遍布中国。

故宫博物院收藏的这件关羽塑像，高168厘米，宽82厘米，头戴明代流行的巾帽，身穿铠甲，外罩绿色袍子，双脚岔开站立，英武挺拔、气宇轩昂，与一般赤红脸、美须美髯、手握青龙偃月刀或正读《春秋》的关羽塑像不同。此塑像造型细腻、色彩绚丽，是研究明代关羽信仰以及塑像艺术的重要资料。

ཀོན་ཡུས་(161ནས་220)ཀྱི་མཚན་གཞན་ལ་ཡོན་ཁྲང་ཟེར། ཧན་ཞི་ཡོན་ཁྲེང་གི་མི་སྟེ། ཧན་རྒྱལ་རབས་དུས་མཇུག་གི་དམག་སྤྱི་གྲགས་ཅན་ཞིག་ཡིན། ཁོང་དང་ཀྲང་ཧྥེ་གཉིས་ལིའུ་པེ་ཡི་རྗེས་འབྲངས་ཏེ་གཅིག་སེམས་གཅིག་ལ་གཏད་ནས་ཆབ་སྲིད་བསྐྱངས། ཀོན་ཡུས་རྡུའུ་ལུགས་གསུང་རབ་《ཁྲུན་ཆིའུ་》ཀློག་རྒྱུར་དགའ་བར་མ་ཟད། ནུས་རྩལ་མཐོ་ཞིང་གཡུལ་ལ་མཁས། ཧྲུའུ་ཧན་སྲིད་དབང་འཛུགས་པ་ལ་མཛད་རྗེས་བླ་མེད་བཞག། གཞན་ཁོང་ལིའུ་པེ་ལ་བློ་སེམས་ཤིན་ཏུ་དཀར། ཁོང་གི་གཞུང་དྲང་དང་སྙིང་སྟོབས། དྲང་བདེན་སོགས་ཀྱིས་འབངས་རྣམས་ཁོང་ལ་ཤིན་ཏུ་དད་ཅིང་། ཕྱིས་སུ་དབང་སྒྱུར་མཁན་རིམ་བྱོན་གྱིས་རང་ཉིད་ཀྱི་དབང་ཆ་ལ་སྲུང་སྐྱོབ་བྱ་ཆེད་ཀོན་ཡུས་ཁྲབ་བསྔགས་བྱས། མིང་ཆིང་དུས་སྐབས་སུ། ཀོན་ཡུས་ལ་ལྷ་དབང་དང་ཀོན་ཏི་ཇུན་སོགས་ཀྱི་མཚན་ཕུལ་ནས་མཆོད་པ་དང་ལྷ་ཁང་ཡང་གང་སར་ཁྱབ།

ཀོན་ཡུས་ཀྱི་འཛིམ་སྐུ་འདིའི་མཐོ་ཚད་ལ་ལི་སྨི་168དང་ཞེང་ལ་ལི་སྨི་82ཡོད། མགོ་ལ་མིང་རྒྱལ་རབས་སུ་རྒྱུགས་ཆེ་བའི་ཞྭ་མོ་དང་། ལུས་ལ་ཁྲབ་དང་དེའི་ཕྱི་ལ་ལྭ་རིང་ལྷང་གུ་ཞིག་གྱོན། ཞབས་ཟུང་འབྱེད་དེ་གྲོང་རེར་འགྲེང་ཡོད། ལག་ཏུ་རལ་གྲིའམ་《ཁྲུན་ཆིའུ་》བཟུང་བའི་ཀོན་ཡུས་ཀྱི་སྐུ་གཞན་དང་མི་མཚུངས་པར་འཛིམ་སྐུ་འདི་ལ་ཞིབ་ཚགས་དང་ཚོན་མདངས་རྣམ་པར་བཀྲ་བའི་ཁྱད་ཆོས་ལྡན་པས། མིང་རྒྱལ་རབས་སྐབས་ཀྱི་ཀོན་ཡུས་ལ་མཆོད་པ་དང་ཁོའི་སྐུ་གདུང་ལ་ཞིབ་འཇུག་བྱེད་པའི་རྒྱུ་ཆ་གལ་ཆེན་ཞིག་ཏུ་གྱུར།

18 武当山玄天上帝圣牌

ཝུའུ་ཏང་རི་བོའི་ལྷ་དབང་ཞོན་ཐེན་གྱི་མཆོད་བྱང་།

地点 武当博物馆　　ཉར་ཡུལ། ཝུའུ་ཏང་རྟེན་མཛོད་ཁང་།

时代 明　　དུས་སྐབས། མིང་།

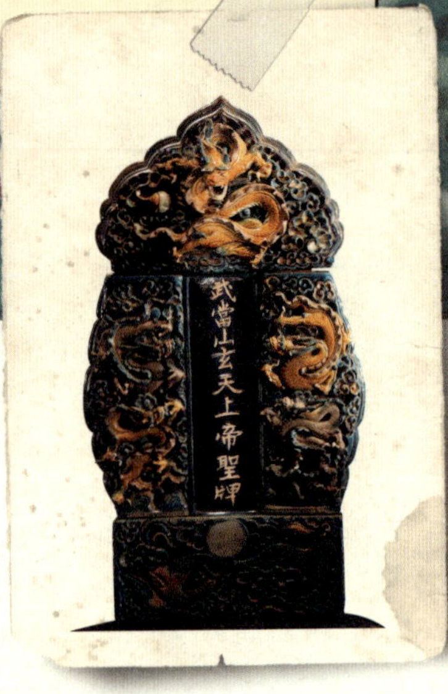

武当派是中国道教门派之一，它兴起于明代，由张三丰在湖北武当山创立，故称武当派，其主神为玄天上帝。嘉靖皇帝朱厚熜（cōng）是明朝的第十一位皇帝，他崇信道教，妄想长生不老，有道君皇帝之称。1524 年，在位第三年的嘉靖皇帝赏赐给武当山一件五色牌位。该牌位陶瓷材质，高 99.5 厘米，宽 40.5 厘米。整座圣牌由上部五件、底座两件共七件组成。上部中龙的造型恰似一个“玄”字，与《道德经》中“玄之又玄，众妙之门”吻合；左右两边各有两条龙，上下排列，龙口朝向牌心；牌心蓝底白字，楷书“武当山玄天上帝圣牌”9 个大字；底座呈束腰须弥座形，中间有一轮初升的太阳，旁边环绕着两只凤鸟。此圣牌工艺精湛、造型优美，艺术价值极高，是景德镇官窑烧制的上乘之品，也是一件珍贵的明代道教文物。

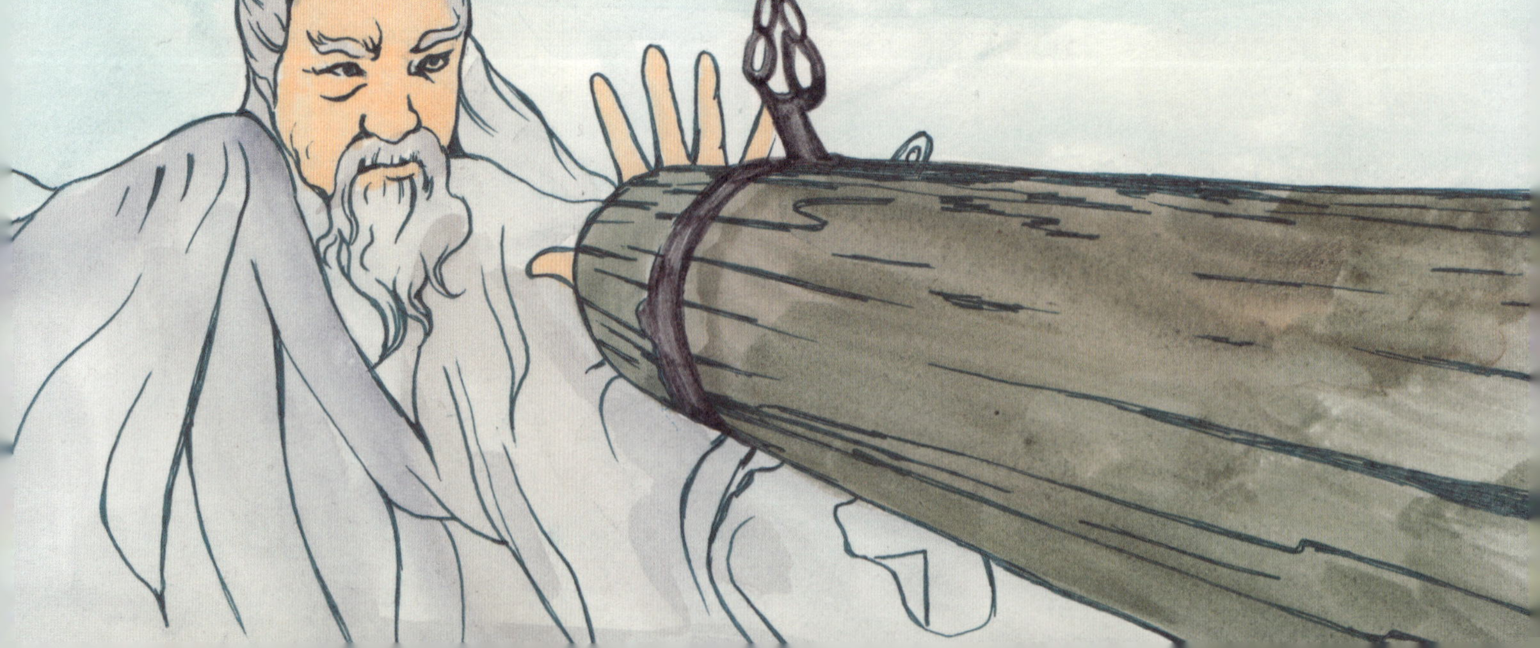

ཕུའུ་ཧང་པ་ནི་ཀྲུང་གོའི་ཏའོ་ལུགས་གྲུབ་མཐའ་ཞིག་སྟེ། མིང་རྒྱལ་རབས་སུ་ཀྲང་སན་ཧྥིང་གིས་ཧྲུའུ་པེ་ཕུའུ་ཧང་རི་བོ་ནས་སྤྲོལ་ཕྱེ་བས། མིང་ལའང་ཕུའུ་ཧང་པ་ཞེས་བཏགས་ཤིང་ལྷ་དབང་ཞོན་ཐེན་ལ་མཆོད་ཅིང་བཀུར། གོང་མ་ཐེ་ཅིན་གྱི་ཧོའུ་ཚུང་ནི་མིང་གི་རྒྱལ་པོ་བཅུ་གཅིག་པ་ཡིན། ཁོང་ཏའོ་ལུགས་ལ་དད། རང་ཉིད་འཆི་མེད་ཚེ་རིང་ཡོང་བར་འདོད་པས་ཏའོ་ལུགས་གོང་མ་ཞེས་ཀྱང་འབོད། ཐེ་ཅིན་ཁྲིར་བཞུགས་པའི་ལོ་གསུམ་པ་སྟེ་ཕྱི་ལོ་1524ལོར་ཕུའུ་ཧང་པ་ལ་ཁ་དོག་སྣ་ལྔ་ལྡན་གྱི་ཐུང་བུ་ཞིག་སྩལ། ཐུང་བུ་དེ་ཛ་མས་གྲུབ་ཅིང་མཐོ་ཚད་ལ་ལི་སྨི99.5དང་ཞེང་ལ་ལི་སྨི40.5ཡོད། ཐུང་བུ་རྫིལ་པོ་སྟེང་གི་ཡན་ལག་ལྔ་དང་མཐིལ་གྱི་ཡན་ལག་གཉིས་ཏེ་བདུན་གྱིས་གྲུབ། སྟེང་གི་འབྲུག་ནི་རྒྱ་ཡིག“玄”དང་མཚུངས། དེ་ནི་《ཀུན་སྤྱོད་མདོ་》ནང་གི“玄之又玄，众妙之门”ཞེས་པ་དང་མཐུན། གཡས་གཡོན་དུ་འབྲུག་གཉིས་རེ་ཡོད་པ་གོང་འོག་བྱས་ཡོད་ཅིང་འབྲུག་ཁ་ཐུང་བུའི་ལྟེ་བར་གཏད། ཐུང་བུའི་མཐིལ་མདོག་ལྗང་གུ་དང་སྟེང་དུ་རྩི་དཀར་པོ་བྱུགས། དོན་སུ“ཕུའུ་ཧང་རི་བོའི་ལྷ་དབང་ཞོན་ཐེན་གྱི་མཆོད་ཐུང”ཞེས་པ་ཕྱག་བྲིས་བྱས་ཡོད། ཞབས་ཁྲི་ནི་རི་རྒྱལ་པོ་རི་རབ་ཀྱི་རྣམ་པ་དང་། དཀྱིལ་དུ་ཞོགས་པར་ཉི་མ་འཆར་བ་དང་འགྲམ་དུ་བྱ་རྒྱལ་ཁྱུང་གཉིས་འཕུར་བའི་རི་མོ་ཡོད། མཆོད་ཐུང་འདིའི་བཟོ་རྩལ་ལེགས་ཤིང་དབྱིབས་མཛེས་པ་དང་། སྒྱུ་རྩལ་རིན་ཐང་ཆེན་པོ་ལྡན་པས། ཅིང་ཏེ་གོན་ཛ་དོང་ལས་བཟོས་པའི་ཛ་ཆས་ལེགས་གྲས་དང་མིང་རྒྱལ་རབས་ཀྱི་ཏའོ་ལུགས་རིག་དངོས་རྩ་ཆེན་ཞིག་རེད།

19

“登州戚氏”军刀

ཏེང་ཀྲོའུ་ཆི་ཅི་ཀོང་གི་དམག་གྲི།

地点 中国国家博物馆 ཉར་ཡུལ། ཀྲུང་གོ་རྒྱལ་གཉེར་རྟེན་མཛོད་ཁང་།

时代 明 དུས་སྐབས། མིང་།

15—16 世纪，日本国内战乱频繁，许多生计困难的武士组成海盗集团，在中国、朝鲜以及东南亚沿海地区烧杀抢掠。戚继光的家乡登州（今山东蓬莱）濒临大海，时常遭到倭寇抢掠。青年戚继光投身军伍，立下了“封侯非我意，但愿海波平”的壮志。因在山东沿海防御倭寇有功，戚继光后来被调往浙江抵御倭寇。他与俞大猷（yóu）等人通力合作，花费十年时间荡平倭寇，确保了沿海人民的生命财产安全。戚继光不仅是中国古代的名将，还是著名的军事理论家，著有《纪效新书》等兵书。

这把“登州戚氏”军刀，总长 89 厘米，刃长 73 厘米，刀身狭长，刃薄脊厚，刀柄较短。刀身刻有“万历十年，登州戚氏”八字，当时戚继光任蓟镇总兵。它是戚继光晚年使用的一把军刀，具有重要的历史价值。

དུས་རབས་15པ་ནས་16པར་འཇར་པན་ནས་ནང་འཁྲུག་ལངས། འཚོ་བར་དཀའ་ངལ་ཁག་བྱུང་བའི་དྲག་རྩལ་པ་མང་པོས་ཚོགས་པ་བསྒྲིགས་ཏེ་ཇག་ལས་བྱས་ཤིང་། ཀྲུང་གོ་དང་ཁོ་རེ་ཡ། ཨེ་ཤ་ཡ་ཤར་ལྷོ་སོགས་ཀྱི་མཚོ་འགྲམ་ས་ཆར་འཕྲོག་བཅོམ་གྱི་ལས་སྤྱོད། ཆི་ཅི་ཀོང་གི་ཕ་ཡུལ་ཏེང་ཀྲོའུ་སྟེ་དེང་གི་ཧྲན་ཏུང་ཕྲིང་ལའེ་ཡིན། གནས་འདི་མཚོ་འགྲམ་དུ་ཆགས་པས་རྒྱུན་དུ་ཇག་པ་ཐོན། ཆི་ཅི་ཀོང་ཆུང་དུས་ནས་དམག་ལ་ཞུགས་ཏེ། དཔོན་གྱི་གོ་གནས་ཐོབ་འདོད་མེད། །ཕས་རྒོལ་བཏུལ་ཏེ་བདེ་བ་བསྐྱུན། །ཞེས་པའི་རང་གི་རེ་འདུན་མཚོན་པའི་སྙན་ཚིག་ཀྲུང་བརྩམས། ཡོང་ཧྲན་ཏུང་

མཚོ་འགྲམ་གྱི་འཐབ་འཛིང་དམག་འགོག་པ་ལ་མཛད་རྗེས་ཆེ་བས། ཁྲི་ཅང་གི་འཐབ་འཛིང་དམག་འགོག་དཔོན་དུ་བསྐོས། ཁོང་དང་ཡུས་ཏཱ་ཡིའུ་སོགས་མཉམ་འབྲེལ་སློས་ལོ་བཅུ་ལྷག་ལ་དམག་པ་བཀག་སྟེ་མཚོ་འགྲམ་ས་ཆ་བདེ་ལ་བཀོད། ཆི་ཅི་ཀོང་ནི་གནའ་བོའི་དམག་དཔོན་ཞིག་ཡིན་པར་མ་ཟད། མིང་གྲགས་ཆེ་བའི་དམག་དོན་གཞུང་ལུགས་པ་ཞིག་ཀྱང་ཡིན། 《སྦྱོང་བཤད་གསར་མ་》ཞེས་པ་ནི་ཁོང་གིས་བརྩམས་པའི་དམག་དོན་གྱི་གཞུང་ཞིག་རེད།

ཧྲང་ཀྲོའུ་ཆི་ཅི་ཀོང་གི་དམག་གྲི་འདིའི་རིང་ཚད་ལ་ལི་སྨི་89དང་གྲི་ཁའི་རིང་ཚད་ལ་ལི་སྨི་73ཡོད། ཞེང་ཆུང་ལ་གྲི་ཁ་སྲབ་ཅིང་གྲི་རྒྱབ་མཐུག། ཡུ་བ་ཐུང་ཞིང་སྟེང་དུ“ཕན་ལི་ཁྲི་ལོ་བཅུ་པ་ལ། ཧྲང་ཀྲོའུ་ཡི་ཐུས་ཆི་ཅན་དེས”ཞེས་པའི་ཡི་གེ་བརྐོས་ཤིང་། སྐབས་དེར་ཆི་ཅི་ཀོང་གིས་ཅི་ཀྲིན་དམག་སྤྱིའི་འགན་བཞེས་ཡོད། གྲི་འདི་ཆི་ཅི་ཀོང་གི་ཚེ་མཇུག་གི་དམག་གྲི་ཞིག་སྟེ། ལོ་རྒྱུས་རིན་ཐང་ཆེན་པོ་ལྡན།

20 红夷火炮

ཕྱི་མི་དམར་པོའི་མེ་སྒྱོགས།

地点	中国人民革命军事博物馆	ཉར་ཡུལ།	ཀྲུང་གོ་མི་དམངས་གསར་བརྗེ་དམག་དོན་རྟེན་མཛོད་ཁང་།
时代	明	དུས་སྐབས།	མིང་།

哥伦布发现新大陆后，欧洲人开始在全球范围内进行贸易与殖民掠夺，其商品与武器也传播到世界各地。明朝末年，东北女真人势力逐渐壮大，不时入寇明朝。为了对付女真人，明朝从葡萄牙人手中引进欧洲大炮，并成功进行仿制。当时称葡萄牙等欧洲人为红夷，因此该炮又被称作“红夷大炮”“红衣大炮”。与中国传统大炮相比，红夷大炮具有射程远、口径大、精度高等优点。

1626 年，努尔哈赤率军围攻宁远城。明军第一次将红夷大炮投入战斗，给女真八旗兵带来很大伤亡。中国人民革命军事博物馆收藏了一门保存完整的红夷大炮，制作于崇祯六年（1633），炮身长 150 厘米，口径 6.5 厘米，是我们了解明末军事技术发展的重要实物资料。

ཀོ་ལུན་པུའུ་ཡིས་སྐམ་ས་ཆེན་མོ་གསར་རྙེད་བྱུང་རྗེས། ཡོ་རོབ་པ་རྣམས་ཀྱིས་འཛམ་གླིང་ཡུལ་གྲུ་ཀུན་ཏུ་ཚོང་ལས་དང་མི་སེར་སྤེལ་བས། ཁོང་ཚོའི་ཚོང་ཟོག་དང་མཚོན་ཆའང་འཛམ་གླིང་ཡུལ་གྲུ་སོ་སོར་ཁྱབ། མིང་དུས་མཇུག་ཏུ། བྱང་ཤར་ས་ཆའི་ཧོས་ཀྲིན་གྱི་སྟོབས་ཤུགས་རྒྱས་ཏེ་སྐབས་རེར་མིང་རྒྱལ་རབས་ལ་རྩུར་རྒོལ་བྱས། ཧོས་ཀྲིན་ལ་རྒོལ་ལན་སྤྲོད་ཆེད། མིང་རྒྱལ་རབས་ཀྱིས་ཕོར་ཐོའུ་གཱལ་གྱི་ཚོང་པའི་ལག་ནས་ཡོ་རོབ་ཀྱི་མེ་སྒྱོགས་ཉོས་པར་མ་ཟད། ད་དུང་དེ་ལ་ལད་མོ་བྱས་ཏེ་རང་གིས་ཀྱང་བསྐྲུན། སྐབས་དེར་ཀྲུང་གོ་པས་ཕོར་ཐོའུ་གཱལ་སོགས་ཡོ་རོབ་ཀྱི་མི་ལ་ཕྱི་མི་དམར་པོ་ཞེས་འབོད་པས། མེ་སྒྱོགས་ལའང"ཕྱི་མི་དམར་པོའི་མེ་སྒྱོགས"སམ"ལྷ་དམར་སྒྱོགས་ཆེན"ཞེས་འབོད། ཀྲུང་གོའི་སྲོལ་རྒྱུན་གྱི་མེ་སྒྱོགས་དང་བསྡུར་ན། ཕྱི་མི་དམར་པོའི་མེ་སྒྱོགས་ཀྱི་འཕེན་ཚད་རིང་ཞིང་ཁ་ཞེང་ཆེ་བ་དང་གནད་ལ་འཁེལ་ཚད་བཟང་།

1626ལོར་ནུའུ་ཨེར་ཧ་ཁྲིས་དམག་ཁྲིད་ནས་ཉིང་ཡོན་མཁར་གྱི་མཐའ་བསྐོར། མིང་གི་དམག་མིས་ཕྱི་མི་དམར་པོའི་མེ་སྒྱོགས་སྤྱད་པས་ཧོས་ཀྲིན་གྱི་དམག་ལ་རྨས་སྐྱོན་ཚབ་ཆེན་བཟོས། ཀྲུང་གོ་མི་དམངས་གསར་བརྗེ་དམག་དོན་རྟེན་མཛོད་ཁང་དུ་ཉར་བའི་མེ་སྒྱོགས་ཆ་ཚང་འདི་ཁྲུང་ཀྲིན་ཁྲི་ལོ་བདུན་པ་སྟེ་ཕྱི་ལོ་1633ལོར་བཟོས་པ་རེད། རིང་ཚད་ལ་ལི་སྨི་150དང་ཁ་ཚད་ལ་ལི་སྨི་6.5ཡོད་ཅིང་། མིང་དུས་མཇུག་གི་དམག་དོན་ལག་རྩལ་ཤེས་རྟོགས་བྱེད་པའི་དངོས་པོ་རྩ་ཆེན་ཞིག་རེད།

21 辽州之契

ལེའོ་ཀྲོའུ་ཐམ་ཀ།

地点	故宫博物院	ཉར་ཡུལ།	ཕོ་བྲང་རྙིང་མ་རྟེན་མཛོད་ཁྲིང་།
时代	明	དུས་སྐབས།	མིང་།

明朝末年，政治腐败，社会危机愈发严重。为了镇压农民起义、抵御东北的女真人入侵，明朝一再加重农民的赋税。沉重的赋税使农民无法生活，纷纷发动起义，反抗明朝的统治。李自成是农民起义军领袖之一，他作战勇敢，人称“闯王”，率领的起义军是明末农民起义军的主力。1644 年正月，李自成在西安建立政权，国号大顺，年号永昌。此后李自成挥师北上，率领百万大军直取北京。同年 4 月 25 日，起义军攻入北京，崇祯皇帝上吊自杀，明朝灭亡。

李自成建立政权后，模仿明朝设立百官。为了避讳其父的名字，李自成将“印”改成为“契”“符”“卷”等。这枚“辽州之契”铜印高 11 厘米，正方形印面，边长 8.4 厘米，是李自成大顺政权为地方官员颁发的官印。由于大顺政权仅存在了两年，官印十分罕见，因此这枚辽州之契十分宝贵。

མིང་དུས་མཇུག་ཏུ་ཆབ་སྲིད་རྫུལ་སྤྱངས་སུ་གྱུར་ཅིང་སྤྱི་ཚོགས་ལ་ཉེན་ཁ་བྱུང་། སྲིད་གཞུང་གིས་འབབས་གྱེན་ལོག་མནན་པ་དང་བྱང་ཤར་ས་ཆའི་ཞུས་གྲིན་གྱི་རྩུར་རྒོལ་འགོག་ཆེད། འབབས་ཀྱི་དཔྱ་ཁྲལ་ཇི་མང་དུ་བཏང་། འཕྲུར་ལྷི་བའི་དཔྱ་ཁྲལ་གྱིས་འབབས་ཀྱི་འཚོ་བར་དཀའ་ཁག་ཆེན་པོ་བཟོས་པས་ཁེང་ལོག་བྱུང་། ལི་ཙི་ཁྲེང་ནི་ཁེང་ལོག་དམག་གི་སྣེ་ཁྲིད་མཁན་ཡིན། ཁོང་དཔའ་ངར་ཆེ་བས་མི་རྣམས་ཀྱིས་རྟུལ་ཕོད་ཅན་ཞེས་འབོད། ཁོས་སྣེ་ཁྲིད་པའི་ཁེང་ལོག་དམག་མིང་དུས་མཇུག་གི་ཁེང་ལོག་དམག་དཔུང་གཙོ་བོ་ཡིན། 1644ལོའི་ཟླ་དང་པོར། ལི་ཙི་ཁྲེང་གིས་ཞི་ཨན་དུ་སྲིད་དབང་གསར་པ་བཙུགས་ནས་དྭ་ཧྲུན་ཞེས་བཏགས་ཤིང་ལོ་རྟགས་ཡུང་ཁྲང་ཡིན། སྲིད་བཙུགས་རྗེས་ལི་ཙི་ཁྲེང་གིས་དཔུང་སྣེ་ཁྲིད་དེ་བྱང་ཕྱོགས་སུ་བསྐྱོད་ཅིང་པེ་ཅིང་ལ་དཔུང་འཇུག་བྱས། ལོ་དེའི་ཟླ་4པའི་ཚེས་25ཉིན། པེ་ཅིང་བླངས་ཤིང་གོང་མ་ཁྲུང་ཀྲེན་ལྟེབས་པ་དང་མིང་རྒྱལ་རབས་མཇུག་རྫོགས།

ལི་ཙི་ཁྲེང་གིས་སྲིད་དབང་བཙུགས་རྗེས། མིང་རྒྱལ་རབས་ཀྱི་ལུགས་ལྟར་དཔོན་བརྒྱའི་ལམ་ལུགས་ལག་བསྟར་བྱས། ཁོ་ཡབ་ཀྱི་མཚན་ལ་འཛེམ་སྐྱེ་ཐམ་ཀ་སྟོན་པའི་ཡི་གེ“印”ཞེས་པ“契”“符”“卷”ཞེས་པ་སོགས་སུ་བསྒྱུར། ཡིའོ་ཀྲོའུ་ཐམ་ཀ་འདི་ཟངས་ཀྱིས་གྲུབ་ཅིང་མཐོ་ཚད་ལ་ལི་སྨི་11ཡོད་པའི་གྲུ་བཞི་ཁ་གང་ཞིག་ཡིན་ལ་མཐའི་རིང་ཚད་ལ་ལི་སྨི་8.4ཡོད། འདི་ནི་ལི་ཙི་ཁྲེང་དྭ་ཧྲུན་སྲིད་གཞུང་གིས་ས་གནས་དཔོན་པོར་གནང་བའི་དཔོན་ཐམ་ཞིག་རེད། དེའང་ཁོའི་སྲིད་གཞུང་ལོ་ངོ་གཉིས་ཙམ་མ་གཏོགས་གནས་ཐུབ་མེད་པས་ཐམ་ཀ་ཧ་ཅང་ཉུང་། དེར་བརྟེན་ཐམ་ཀ་འདི་ལ་རིན་ཐང་ཆེན་པོ་ལྡན།

22 《郑成功画像》轴

《ཀྲེང་ཁྲེང་ཀུང་གི་སྐུ་འདྲ།》

地点	中国国家博物馆	ཉར་ཡུལ།	ཀྲུང་གོ་རྒྱལ་གཉེར་རྟེན་མཛོད་ཁང་།
时代	清	དུས་སྐབས།	ཆིང་།

郑成功（1624—1662），福建泉州人，明末清初著名将领、民族英雄。明朝灭亡后，他一直组织军队抗击清军。此时，荷兰殖民者占领了我国的宝岛台湾。殖民者在岛上收取高额赋税，滥杀当地居民，使人们生活在水深火热中。1661 年，郑成功率领数万士卒，乘坐数百艘战船，成功收复台湾。郑成功结束了荷兰人在台湾长达 38 年的殖民统治，使台湾重新回到祖国怀抱。

中国国家博物馆收藏的这幅《郑成功画像》轴，作者为清代画家黄梓。画高 130 厘米，宽 65 厘米，画中的郑成功头戴方巾，身穿蓝色长袍，领口处露出铠甲，坐在松树下正在与人下棋，这时一位刚下马的军士跪地禀报军情。郑成功侧身认真倾听，表情冷静沉着，手中还夹着棋子。此画十分传神，画面感极强，既表现出郑成功的枕戈待旦，也表现出他的运筹帷幄，允文允武的形象被公认为最真实的郑成功画像。

གྲེང་ཁྲེང་ཀུང་(1624ནས་1662)རྒྱ་ཙན་ཆེན་གྲོའུ་ཡི་མི་ཡིན། ཁོང་ནི་མིང་དུས་མཇུག་དང་ཆིང་དུས་འགོའི་དམག་སྤྱི་དང་དཔའ་བོ་གྲགས་ཅན་ཞིག་ཡིན། མིང་རྒྱལ་རབས་འཇིག་རྗེས། ཁོས་དམག་དཔུང་རྩ་འཛུགས་བྱས་ཏེ་ཆིང་དམག་ལ་རྡོ་རྒོལ་བྱས། སྐབས་དེར་ཧོ་ལན་མི་སེར་སྲིད་མཁན་གྱིས་རང་རྒྱལ་ཐའི་ཝན་བཟུང་ནས་ཁྲལ་འུལ་ཆེན་པོ་བསྡུས་པར་མ་ཟད་སྡོད་དམངས་གང་འདོད་དུ་བསད་པ་སོགས་ཀྱི་ཚོགས་ཟང་ཟིང་ལ་བཟོས། 1661ལོར་གྲེང་ཁྲེང་ཀུང་གིས་དམག་མི་ཁྲི་སྟོང་མང་པོའི་སྣེ་ཁྲིད་ནས་མཚོ་གྲུ་བརྒྱ་ཕྲག་ལྷག་གིས་དཔུང་འཇུག་བྱས་པ་ལ་བརྟེན་ཐའི་ཝན་ཕྱིར་བླངས། ཁོས་ཧོ་ལན་གྱིས་ལོ་ངོ་38ལ་ཐའི་ཝན་དབང་སྒྱུར་བ་མཇུག་སྒྲིལ་ཏེ་ཡང་བསྐྱར་མེས་རྒྱལ་གྱི་པང་དུ་ལོག་པར་བྱས།

《གྲེང་ཁྲེང་ཀུང་གི་སྐུ་འདྲ་》འདི་ཆིང་རྒྱལ་རབས་ཀྱི་རི་མོ་པ་ཧོང་ཅེས་བྲིས། མཐོ་ཚད་ལ་ལི་སྨི་130དང་ཞེང་ཚད་ལ་ལི་སྨི་65ཡོད། གྲེང་ཁྲེང་ཀུང་གིས་དབུ་ལ་སེང་རས་གྲུ་བཞི་ཞིག་དང་ལུས་ལ་ལྭ་རིང་སྔོན་པོ་ཞིག་གྱོན། ལྭའི་གོང་བ་ལས་ནང་དུ་གྱོན་པའི་ཁྲབ་ཕྱིར་མངོན། ཁོང་སྡོང་འོག་ཏུ་མི་གཞན་དང་ལྷན་དུ་མིག་མངས་རྩེད་བཞིན་ཡོད། འགྲམ་དུ་རྟ་ལས་བབས་མ་ཐག་པའི་དམག་མི་ཞིག་གིས་ཁོང་ལ་དམག་དོན་སྙན་ཞུ་འབུལ་བཞིན་འདུག་ལ། ལག་ཏུ་དེའུ་བཟུང་། གྲེང་ཁྲེང་ཀུང་གིས་ལུས་པོ་ཟུར་དུ་འཁོར་ནས་ནན་ཏན་དང་ཉན་བཞིན་གདོང་གི་རྣམ་འགྱུར་ཤིན་ཏུ་གཟབ་ནན་ཡིན། འདི་ལས་གྲེང་ཁྲེང་ཀུང་གི་བློ་རིག་དང་ཤེས་རྒྱ་མཆོན།

23 大清受命之宝

ཆིང་ཆེན་མོའི་བཀའ་རྒྱ་ནོར་བུ་མ།

地点	故宫博物院	ཉར་ཡུལ།	པོ་བྲང་རྙིང་མ་རྟེན་མཛོད་གླིང་།
时代	清	དུས་སྐབས།	ཆིང་།

玺宝指的是中国古代皇帝的印章，唐以前称为玺，唐以后多称宝。秦始皇统一六国后，令人用和氏璧雕刻了一枚传国玉玺。传国玉玺是皇权天授、政权正统合法的信物，并不盖在诏书之上。汉代以来的王朝更替中，传国玉玺多次遗失，五代时毁于战火，至此消失。宋、元、明、清等王朝，为了昭示其政权正统合法、受命于天，都曾刻有传国玉玺。

这枚“大清受命之宝”玉玺，于清太宗皇太极崇德年间刻制。白玉材质，正方形印面，边长 12 厘米，高 14 厘米,其中盘龙形提钮高 8.2 厘米。玉玺上刻有满、汉两种文字，汉文为“大清受命之宝”，满文意思相同。明代东北地区满汉杂居，受汉文化影响的清朝建立之初就刻了这枚玉玺，以此证明清王朝受天之命统治中国的合法性。

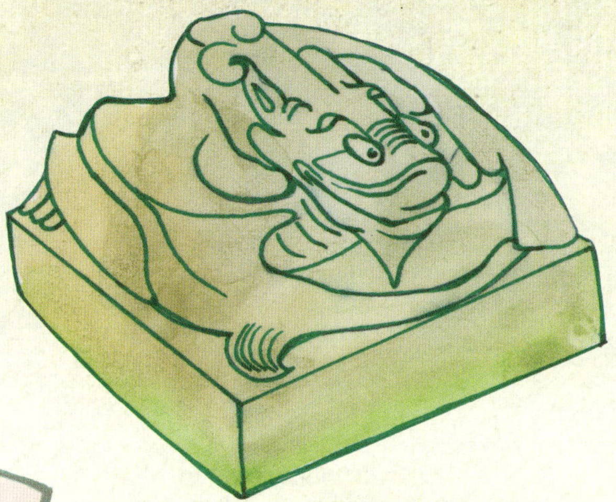

ཞི་(玺)ཞེས་པ་གནའ་རབས་ཀྱང་གོའི་གོང་མ་རིམ་བྱོན་གྱི་ཐམ་ཀ་ལ་ཟེར། ཐང་གི་སྔོན་ལ་ཞི་དང་ཐང་གི་རྗེས་སུ་ཁྲེན་པའོ་(陈宝)ཟེར། ཆིན་ཧྲི་ཧོང་གིས་རྒྱལ་ཁབ་དྲུག་དབང་དུ་བསྡུས་རྗེས། ཧོ་ཧྲི་གཡང་ཞེ་སྤྱད་དེ་རྒྱལ་བརྒྱུད་ཐམ་ཀ་ཞིག་བཟོས། དེ་ནི་གོང་མའི་བཀའ་མཆོན་བྱེད་ཀྱི་ཁྲིམས་མཐུན་དངོས་རྫས་ཡིན་པས་བཀའ་ཤོག་སྟེང་ལ་རྒྱག་དགོས། ཧན་རྒྱལ་རབས་ནས་བཟུང་རྒྱལ་རབས་མི་འདྲ་བས་སྲིད་འཛིན་སྐབས་རྒྱལ་བརྒྱུད་ཐམ་ཀ་ཐེངས་ཁ་ཤས་ལ་བོར། རྒྱལ་རབས་ལྷུའི་སྐབས་སུ་གཡུལ་འཁྲུག་ཁྲོད་རྩ་བ་ནས་མེད་བརླག་ཏུ་གྱུར། སུང་ཡོན་མིང་ཆིང་རྒྱལ་རབས་སུ། སྲིད་དབང་གི་ཁྲིམས་མཐུན་རང་བཞིན་མངོན་ཆེད་རྒྱལ་བརྒྱུད་ཐམ་ཀ་བཀོས་པ་རེད།

ཆིང་ཆེན་མོའི་བཀའ་རྒྱ་ནོར་བུ་མ་ཞེས་པའི་གཡང་ཏེའི་ཐམ་ཀ་འདི་གོང་མ་ཆིང་ཐའེ་ཙུང་གི་སྐབས་སུ་བཀོས། རྒྱུ་ཆ་གཡང་ཏེ་ཡིན་ལ་མཐའི་རིང་ཚད་ལ་ལི་སྨི་12དང་མཐོ་ཚད་ལ་ལི་སྨི་14ཡོད་པའི་གྲུ་བཞི་ཁ་གང་ཞིག་སྟེ། སྟེང་དུ་ལི་སྨི་8.2ཅན་གྱི་འབྲུག་གི་འཇུ་ལོང་ཞིག་ཡོད། ཐམ་ཀའི་སྟེང་དུ“ཆིང་ཆེན་མོའི་བཀའ་རྒྱ་ནོར་བུ་མ”ཞེས་པ་མན་ཇུའི་ཡི་གེ་དང་རྒྱ་ཡིག་གཉིས་ཀྱིས་བྲིས་ཡོད། མིང་རྒྱལ་རབས་སུ་བྱུང་ཤར་ས་ཆར་མན་ཇུ་དང་རྒྱ་རིགས་འདྲེས་སྡོད་བྱས་ཡོད་ཅིང་། རྒྱའི་རིག་གནས་ཀྱི་ཤུགས་རྐྱེན་ཆེ་བས་ཆིང་རྒྱལ་རབས་ཀྱིས་ཐོག་མར་གཡང་ཏེའི་ཐམ་ཀ་འདི་བེད་སྤྱད་པ་རེད།

24 康熙皇帝龙袍

ཁང་ཞིའི་ན་བཟའ་འབྲུག་རིས་མ།

地点	中国国家博物馆	ཉར་ཡུལ།	ཀྲུང་གོ་རྒྱལ་གཉེར་རྟེན་མཛོད་ཁང་།
时代	清	དུས་སྐབས།	ཆིང་།

康熙皇帝（1654—1722），是清朝的第四位皇帝。他 8 岁登基，14 岁开始亲自处理国家大事，69 岁去世，在位 61 年，是中国历史上在位时间最长的皇帝，也是“康乾盛世”的开创者。康熙皇帝在位期间，先后铲除鳌拜势力、消灭三藩叛乱、收复台湾、平定新疆、打败沙俄在黑龙江流域的侵略，为中国多民族国家的形成、发展奠定了坚实的基础。

这件龙袍长 146 厘米、袖长 101 厘米，是康熙皇帝穿过的一件朝服。龙袍呈石青色，胸前、后背、肩膀、袖口有金色龙纹彩绣。胸前绣有一只在海面上翻腾的巨龙，巨龙颌下有一颗龙珠。中腰及下摆绣有海水、双龙戏珠的图案。龙袍有披肩、马蹄形袖口，满族服饰风格。康熙皇帝龙袍是我们了解清代皇帝服饰的重要实物，具有很高的研究价值。

ཁང་ཞི་(1654ནས་1722)ནི་ཆིང་གི་གོང་མ་བཞི་པ་ཡིན། ཁོང་དགུང་ལོ་8ཀྱི་སྟེང་སྲིད་ཁྲིར་བཞུགས། 14ཐོག་དངོས་སུ་རྒྱལ་སྲིད་བསྐྱངས། 69ལ་གཤེགས། དེ་ལྟར་ལོ་61ལ་ཁྲིར་བཞུགས་པས་ཀྲུང་གོའི་ལོ་རྒྱུས་ཐོག་སྲིད་སྐྱོང་ཡུན་ཆེས་རིང་བའི་གོང་མ་ཡིན་ལ། "ཁང་ཆན་རྒྱལ་དར"ཞེས་པའི་སྲོལ་འབྱེད་པའང་ཡིན། ཁོང་གིས་སྔ་རྗེས་སུ་ངོ་ལོག་པ་ཨའོ་པའི་དང་ས་གནས་གྱེན་ལོག་མང་པོ་རྩ་མེད་དུ་བཟློས་ཤིང་། ཐའེ་ཝན་བླངས་པ་དང་ཡུ་གུར་ཞི་འཇགས་བཏང་བ། ཨུ་རུ་སུས་ཏེ་ལུང་ཅང་ས་ཁུལ་བཙན་འཛུལ་བྱས་པ་ཕམ་པར་མཛད་པ་སོགས། ཀྲུང་གོའི་མི་རིགས་མང་པོའི་རྒྱལ་ཁབ་ཀྱི་བྱུང་བ་དང་འཕེལ་རྒྱས་ལ་རྨང་གཞི་བརྟན་པོ་བཏིང་།

ན་བཟའ་འབྲུག་རིས་མ་འདིའི་རིང་ཚད་ལ་ལི་སྨི་146དང་ཕུ་ཞུང་གི་རིང་ཚད་ལ་ལི་སྨི་101ཡོད། འདི་ནི་གོང་མ་ཁང་ཞི་ཕོ་བྲང་དུ་ཆིབས་སྒྱུར་སྐབས་གྱོན་པའི་ན་བཟའ་ཡིན། ན་བཟའི་ཁ་དོག་སྔོན་པོ་ཡིན་ཞིང་བྲང་དང་རྒྱབ་གཞུང་། ཐྲག་ཁ། ཕུ་ཁ་སོགས་སུ་གསེར་མདོག་ཅན་གྱི་འབྲུག་རིས་ཕབ་ཡོད། བྲང་ཁར་མཆོངས་སུ་འབྲུག་ཆེན་པོ་ཞིག་འཕྱུར་བ་དང་། དེའི་མ་མགལ་ལ་མུ་ཏིག་རྗོག་པོ་ཞིག་བཏགས། སྐེད་པ་དང་སྐེད་སྨད་ལ་མཚོ་མོ་དང་འབྲུག་གཉིས་རྩེན་པའི་རྣམ་པ་ལྟར་རི་མོ་ཕབ་ཡོད། ན་བཟའ་འདིར་དཔུང་རྒྱན་དང་རྟའི་རྨིག་པའི་དབྱིབས་ཀྱི་ཕུ་ཁ་ཡོད་པ་སོགས་མན་ཇུའི་གྱོན་གོས་ཀྱི་ཁྱད་ཆོས་ལྡན། འདི་ནི་ང་ཚོས་ཆིང་རྒྱལ་རབས་ཀྱི་གོང་མའི་ན་བཟའ་ལ་རྒྱུས་ལོན་བྱེད་པའི་དངོས་པོ་གལ་ཆེན་ཞིག་ཡིན་པས་ཞིབ་འཇུག་རིན་ཐང་ཆེན་པོ་ལྡན།

25 康熙朝地球仪

ཁང་ཞིའི་སྐབས་ཀྱི་སའི་གོ་ལའི་དཔེ་དབྱིབས།

地点	故宫博物院	ཉར་ཡུལ།	ཕོ་བྲང་རྙིང་མ་རྟེན་མཛོད་གླིང་།
时代	清	དུས་སྐབས།	ཆིང་།

康熙皇帝是中国历史上少有的勤奋好学的皇帝，他不仅对中国传统的经、史、子、集感兴趣，还对数学、物理、地理、农学等自然科学以及音乐、美术、绘画、书法等艺术感兴趣。康熙的自然科学知识，主要由西方传教士传授。这件地球仪，是康熙皇帝在学习地理时令传教士与中国官员共同制造的。

该地球仪直径 70 厘米，放置在木制的三脚架上，可以转动。地球仪上准确绘制出七大洲以及重要岛屿的轮廓，陆地部分绘制有国界、河流、湖泊。地球仪上还绘制有赤道以及子午线，图中地名全部用汉字标注。受西方影响，元、明时期中国已经出现地球仪，但都已损毁遗失。康熙朝地球仪是我国目前发现保存较好、较早且地理信息丰富的地球仪。中国古人长期认为“天圆地方”，它也是“地圆说”在中国传播的重要实物资料。

ཁང་ཞི་ནི་ཀྲུང་གོའི་ལོ་རྒྱུས་ཐོག་བསླབ་ལ་བརྩོན་པའི་གོང་མ་ཞིག་སྟེ། ཁོང་གིས་ཀྲུང་གོའི་སྲོལ་རྒྱུན་རིག་གནས་ཤེས་བྱ་ལ་ཐོས་བསམ་མཛད་པར་མ་ཟད། ད་དུང་གྲངས་རིག་དང་དངོས་ལུགས། ས་ཁམས། སོ་ནམ་རིག་པ་སོགས་རང་བྱུང་ཚན་རིག་དང་། རོལ་མོ། རི་མོ། ཡིག་གཟུགས་སོགས་སྒྱུ་རྩལ་ལའང་ཧ་ཅང་མོས་པ་ཡོད། དེ་ལས་རང་བྱུང་ཚན་རིག་སྐོར་གྱི་ཤེས་བྱ་ནི་གཙོ་བོ་ནུབ་ཕྱོགས་ཀྱི་ཆོས་སྤེལ་མི་སྣ་ལས་བསླབས། སའི་གོ་ལའི་དཔེ་དབྱིབས་འདི་ཁང་ཞིས་ས་ཁམས་རིག་པ་སྦྱོང་སྐབས་ནུབ་ཕྱོགས་ཆོས་སྤེལ་མི་སྣ་དང་ཀྲུང་གོའི་དཔོན་པོ་ཐུན་མོང་གིས་བཟོས་པ་རེད།

སའི་གོ་ལའི་དཔེ་དབྱིབས་འདིའི་ཚངས་ཐིག་ལ་ལི་སྨི་70ཡོད་ལ། ཤིང་གི་རྐང་གསུམ་སྒྲོམ་སྟེགས་སྟེང་བཞག་ཡོད་པས་འཁོར་བསྐྱོད་བྱ་ཆོག། སྟེང་དུ་གླིང་ཆེན་བདུན་དང་གླིང་ཕྲན་གཙོ་བོ་རྣམས་ཀྱི་དབྱིབས་གསལ་པོར་བྲིས། སྐམ་སའི་གནས་སུ་རྒྱལ་མཚམས་དང་གཙང་པོ། མཚོ་སོགས་ཡོད་ལ། སའི་གོ་ལའི་འཁོར་བསྐྱོད་ལམ་ཐིག་དང་སྣེའི་འཕྲེད་མཚམས་སོགས་ཀྱང་བྲིས་ཏེ་ས་གནས་སོ་སོར་རྒྱ་ཡིག་གི་མིང་བཀོད་ཡོད། དེའང་ནུབ་ཕྱོགས་ཀྱི་ཤུགས་རྐྱེན་འོག་ཡོན་དང་མིང་རྒྱལ་རབས་སྐབས་ནས་བཟུང་ཀྲུང་གོར་སའི་གོ་ལའི་དཔེ་དབྱིབས་དར་ཡོད་མོད། འོན་ཀྱང་དེ་དག་ལ་ཆག་སྐྱོན་ཤོར་བས་མིག་སྔར་མཐོང་རྒྱུ་མེད། ཁང་ཞིའི་སྐབས་ཀྱི་སའི་གོ་ལའི་དཔེ་དབྱིབས་འདི་རང་རྒྱལ་ན་ཡོད་པའི་སའི་གོ་ལའི་དཔེ་དབྱིབས་ཐོག་མ་ཡིན་ལ་ས་ཁམས་གནས་ཚུལ་ཆ་ཚང་ཡིན། ཀྲུང་གོའི་གནའ་མི་རྣམས་ཀྱིས་རྒྱུན་པར་གནམ་ས་ཟླུམ་པོ་ཡིན་པར་འདོད། དཔེ་དབྱིབས་འདི་སའི་གོ་ལ་ཟླུམ་པོར་སྨྲ་བའི་ཀྲུང་གོའི་གནའ་བོའི་བསམ་བློའི་མཚོན་རྟགས་ཡིན།

26 雍正款珐琅彩松竹梅图橄榄瓶

ཡུང་ཀྲེང་ལུགས་ཀྱི་ཚོན་བུམ་མེ་ཏོག་མ།

地点	故宫博物院	ཉར་ཡུལ།	པོ་བྲང་རྙིང་མ་རྟེན་མཛོད་གླིང་།
时代	清	དུས་སྐབས།	ཆིང་།

雍正皇帝（1678—1735），是清朝第五位皇帝。他勤于政务，在生活和艺术上崇尚简朴、淡雅。这件珐琅彩松竹梅图橄榄瓶正是雍正皇帝艺术审美的体现。该瓶高 16.9 厘米，口径 3.9 厘米，足径 4.9 厘米，内外皆施白釉，外壁绘有松竹梅彩色图案，松树苍劲，翠竹挺拔，梅花秀丽，上方有“上林苑里春长在”题字。图案整体画面清新秀丽，给人一种美的享受。

该瓶的制造过程也十分复杂，先在江西景德镇的官窑中烧成瓷胎，然后送到北京故宫，工匠们按照雍正皇帝选择的图案使用珐琅绘画，最后再放入低温窑内烘烧而成。这件瓷瓶造型优美、图案雅致，不仅反映了精湛的制瓷技术，也反映了高超的绘画技法，是清代雍正时期瓷器的代表作。

གོང་མ་ཡུང་གྲེང་(1678ནས་1735)ནི་ཆིང་གོང་མ་ལྔ་པ་ཡིན། ཁོང་སྲིད་ལ་མཁས་ཤིང་འཚོ་བ་དང་སྒྱུ་རྩལ་ཐད་བབ་ཆགས་རྩལ་དུ་འདོན། དག་དག་ཆོན་བུམ་མེ་ཏོག་མ་འདི་ལས་གོང་མ་ཡུང་གྲེང་གི་མཛེས་དཔྱོད་ལྷ་བ་མཆོན་ཐུབ། བུམ་པ་འདིའི་མཐོ་ཚད་ལ་ལི་སྨི་16.9དང་ཁ་ཚད་ལ་ལི་སྨི་3.9དང་ཞབས་ཀྱི་ཚད་ལ་ལི་སྨི་4.9ཡོད། ཕྱི་ནང་ཡོངས་སུ་རྩེ་དཀར་བྱུགས་པ་དང་སྟེང་དུ་ཆོན་ལྡན་གསོམ་སྡོང་དང་སྨྱུག་མ། རྩ་ལི་མེ་ཏོག་བཅས་ཀྱི་རི་མོ་བཀོད་ཡོད། གསོམ་སྡོང་གི་ཡལ་འདབ་སྟུག་ཅིང་སྨྱུག་སྡོང་གྱེན་དུ་འཕྲེང་། རྩ་ལིའི་མེ་ཏོག་རྣམ་པར་བཞད། གོང་དུ"སྐྱིད་ཚལ་སྟུག་པོའི་དཔྱིད་དཔལ་མཛེས"ཞེས་བྲིས་ཡོད། རི་མོ་ཆ་ཚང་བ་དང་རྫས་གཙང་ལ། མཛེས་སྡུག་རྣམ་པར་བཀྲ་བ་ཞིག་རེད།

བུམ་པ་འདིའི་བཟོ་ལུགས་ཧ་ཅང་རྙོག་འཛིང་ཆེ་བ་ཞིག་སྟེ། ཐོག་མར་ཅིང་ཏི་ཀོན་རྫ་དོང་ནས་བསྲེགས་དགོས་ལ། དེ་ནས་པེ་ཅིང་པོ་བྲང་རྙིང་མར་འཁྱེར་ནས་བཟོ་པོ་རྣམས་ཀྱིས་ཡུང་གྲེང་གི་ཐུགས་བཀོད་ལྟར་བུམ་པའི་སྟེང་རི་མོ་འགོད་པ་དང་། མཇུག་མཐར་དྲོད་ཚད་དམའ་བའི་རྫ་དོང་དུ་བཞག་ནས་བསྲེག་དགོས་པ་ཞིག་གོ། མདོར་ན་བཟོ་དབྱིབས་མཛེས་ལ་རི་མོ་ཡག་པ། ལག་རྩལ་ཁྱད་དུ་འཕགས་པའི་ཡུང་གྲེང་སྐབས་ཀྱི་རྫ་ཆས་མཆོག་ཏུ་གྱུར་པ་ཞིག་རེད།

27 金瓯(ōu)永固杯

གསེར་ཕོར་རྟག་བརྟན་མ།

地点 故宫博物院 ཤར་ཡུལ། ཕོ་བྲང་རྙིང་མ་རྟེན་མཛོད་གླིང་།
时间 清 དུས་སྐབས། ཆིང་།

乾隆皇帝（1711—1799），是清朝第六位皇帝，89岁去世，是中国历史上最长寿的皇帝。他在位60年，仅次于爷爷康熙皇帝。与父亲雍正皇帝不同，在艺术上乾隆皇帝追求精致奢华。北京故宫收藏的金瓯永固杯是乾隆时期宫中使用的一件酒杯。

该杯高12.5厘米，口径8厘米，使用黄金制造，外形与鼎类似。杯子两侧各有一只龙形耳，龙头上各有一颗珍珠。杯子三足制作成象头样式，象耳略小，长牙卷鼻抵地。杯子外壁饰满花纹，并且镶嵌了许多珍珠及红、蓝宝石。杯口处刻有“金瓯永固”“乾隆年制”字样。金瓯本意为金质杯子或小盆，人们常用它来指国土。金瓯永固意思为国土完整，江山永固。金瓯永固杯精致奢华，既是乾隆皇帝个人审美的体现，也是康乾盛世时国力强盛的体现。

གོང་མ་ཆན་ལུང་(1711ནས་1799)ནི་ཆིང་གོང་མ་དྲུག་པ་ཡིན། དགུང་ལོ་89ཐོག་དགོངས་པ་རྫོགས། ཁོང་ནི་ཀྲུང་གོའི་ལོ་རྒྱུས་སྟེང་ཚེ་ཐག་ཆེས་རིང་བའི་གོང་མ་ཡིན་ལ། ལོ་60ལ་སྲིད་བསྐྱངས་པ་ནི་ཁྲུ་བོ་གོང་མ་ཁང་ཞི་ལས་ལོ་གཅིག་གིས་མ་གཏོགས་མི་ཉུང་། སྐྱུ་རྩལ་ཐད་ནས་ཡབ་ཡུང་ཀྲེང་དང་མི་མཚུངས་པར་རིན་ཐང་ཅན་དང་ཁྱད་ཆོས་ཅན་ལ་མོས་པ་ཡོད། གསེར་ཐོར་རྟག་བརྟན་མ་ནི་ཁོང་སྐུ་འཚོ་བཞུགས་སྐབས་སུ་བཀོལ་བའི་ཆར་ཐོར་ཞིག་རེད།

ཐོར་བའི་མཐོ་ཚད་ལ་ལི་སྨི་12.5དང་ཁ་ཚད་ལ་ལི་སྨི་8ཡོད། རྒྱུ་ཆ་གསེར་ལས་གྲུབ་ཅིང་ཕྱིའི་རྣམ་པ་མཆོད་ཁྲི་དང་མཚུངས། གཞོགས་གཉིས་སུ་འབྲུག་དབྱིབས་ཀྱི་རྣ་ཅོག་དང་ཐོར་ཁར་མུ་ཏིག་རྡོག་མ་རེ་ཡོད། མཐིལ་དུ་གླང་ཆེན་གྱི་མགོ་ཚུགས་ཅན་གྱི་རྐང་པ་གསུམ་ཡོད་པ་རྣ་བ་ཆུང་ཞིང་མཆེ་བ་སྣེའི་རྩེ་མོར་ཐུག། ཐོར་བའི་ངོས་སུ་རི་མོ་མང་པོ་བྲིས་ཡོད་པར་མ་ཟད་མུ་ཏིག་དང་མཆྲད་སོགས་ཀྱི་ཕྲ་བཏབ་ཡོད། ཐོར་ཁ་རུ“གསེར་ཐོར་རྟག་བརྟན་མ། ཆན་ལུང་སྐབས་སུ་བཞེངས།”ཞེས་བྲིས། གསེར་ཐོར་ནི་སྐབས་སྐབས་སུ་ས་གཞི་ལའང་འཇུག་པས། གསེར་ཐོར་རྟག་བརྟན་མས་རྒྱལ་ཁམས་བདེ་ལ་འགོད་ཅིང་ཉམས་པ་མེད་པ་བསྟན། ཐོར་བའི་བཟོ་དབྱིབས་ལེགས་པ་འདིས་ཆན་ལུང་གི་མཛེས་དཔྱོད་ལྷ་རྩལ་མཚོན་པར་མ་ཟད། སྐབས་དེའི་རྒྱལ་ཁམས་དར་རྒྱས་ཀྱང་མཚོན།

28 田黄三联玺

གཡང་ཧོ་སེར་པོའི་ཐམ་ཀ་སུམ་སྦྲེལ་མ།

地点 故宫博物院 ཉར་ཡུལ། ཕོ་བྲང་རྙིང་མ་རྟེན་མཛོད་ཁང་།

时代 清 དུས་སྐབས། ཆིང་།

田黄是田黄石的简称，产自福建福州，因呈黄色而得名。田黄色泽温润，质地细密，是雕刻印章的极佳材料。乾隆皇帝晚年时，梦见玉皇大帝赐他田黄石以及“福、寿、田”三字，因此对田黄石情有独钟。这件田黄三联玺是乾隆晚年做太上皇时用一块比较大的田黄石雕刻的，共有三枚印章，中间有链子相连。

右边为“乾隆宸翰”印，正方形，高 1 厘米，边长 2.6 厘米，“宸翰”意为帝王的墨迹；中间为“乐天”印，椭圆形，高 1 厘米，长径 3 厘米，短径 2.3 厘米，表示近 90 岁高龄的乾隆皇帝乐天知命；左边为“惟精惟一”印，正方形，高 1 厘米，边长 2.6 厘米。“惟精惟一”出自儒家经典《尚书》，意思为用功精深，用心专一。田黄三联玺是乾隆印玺中的精品，常用于御笔书画盖章。

ཇོ་སེར་ནི་གཡང་ཇོ་སེར་པོའི་བསྡུས་མིང་ཡིན། ཧྥི་ཅན་ཧྥི་གྲོའུ་ནས་ཐོན་ཞིང་ཁ་དོག་སེར་པོ་ཡིན་པས་དེ་ལྟར་ཐོགས། གཡང་ཇོ་སེར་པོའི་ཁ་དོག་དྭངས་ཤིང་ངོས་འཇམ་ལ། རིན་ཐང་ཆེ་བས་ཐམ་ཀ་བཟོ་བྱེད་ཀྱི་རྒྱུ་ཆ་ལེགས་ཤོས་ཡིན། ཆན་ལུང་གི་ཚེ་མཇུག་གི་ལ། རྨི་ལམ་དུ་ལྷའི་དབང་པོ་བརྒྱ་བྱིན་གྱིས་ཁོང་ལ"བདེ་སྐྱིད། ཚེ་རིང་། ལོངས་སྤྱོད"ཅེས་བྲིས་པའི་གཡང་ཇོ་སེར་པོ་གསུམ་གནང་བ་རྨིས། དེ་ལ་བརྟེན་ནས་གཡང་ཇོ་སེར་པོར་གཙིགས་ཆེན་མཛད། གཡང་ཇོ་སེར་པོའི་ཐམ་ཀ་གསུམ་སྒྲིལ་མ་འདི་ཆན་ལུང་གི་ཚེ་མཇུག་ལ་ཇོ་ཆེན་པོ་ཞིག་དུམ་བུར་བགོས་ནས་བཟོས་པ་སྟེ། ཐམ་ཀ་མི་འདྲ་བ་གསུམ་ཡོད་ལ་དེ་དག་རེ་རེ་ཇོ་ཐག་གིས་སྒྲིལ་བ་ཞིག་རེད།

གཡས་སུ་ཡོད་པ་དེ་ཆན་ལུང་གི་ཕྱག་བྲིས་ཐམ་ཀ་ཡིན། དབྱིབས་གྲུ་བཞི་ཁ་གང་མཐོ་ཚད་ལ་ལི་སྨི་1དང་མཐའི་རིང་ཚད་ལ་ལི་སྨི་2.6ཡོད། ཁོང་གི་ཕྱག་བྲིས་དངོས་ཀྱི་ཡིག་གཟུགས་ལྟར་བརྐོས་པ་རེད། དཀྱིལ་གྱི་དེ་ལས་སྐལ་ཐམ་ཀ་ཡིན། དབྱིབས་འཇོང་སྒོར་མཐོ་ཚད་ལ་ལི་སྨི་1དང་རིང་ཚད་ལ་ལི་སྨི་3དང་ཞེང་ལ་ལི་སྨི་2.3ཡོད། དེས་དགུང་གྲངས་90ཡིན་པའི་གོང་མ་ཆན་ལུང་ལས་སྐལ་ལ་ཡིད་ཆེས་པ་མཚོན། གཡོན་གྱི་དེ་ཡིད་སེམས་རྩེ་གཅིག་གི་ཐམ་ཀ་ཡིན། དབྱིབས་གྲུ་བཞི་ཁ་གང་མཐོ་ཚད་ལ་ལི་སྨི་1དང་མཐའི་རིང་ཚད་ལ་ལི་སྨི་2.6ཡོད། གཡང་ཇོ་སེར་པོའི་ཐམ་ཀ་གསུམ་སྒྲིལ་མ་འདི་གོང་མ་ཆན་ལུང་སྐབས་ཀྱི་བཀའ་རྒྱ་ཐམ་ཀ་གཙོ་བོ་ཞིག་སྟེ། ནམ་རྒྱུན་ཁོང་གི་ཡིག་གཟུགས་བརྩམས་ཆོས་ཐོག་ཏུ་འགོད་པ་རེད།

29 渥(wò)巴锡进献腰刀

ཝོ་པ་ཞིས་ཕུལ་བའི་སྐེད་གྲི།

地点 故宫博物院　ཉར་ཡུལ། པོ་བྲང་རྙིང་མ་རྟེན་མཛོད་ཁང་།

时间 清　དུས་སྐབས། ཆིང་།

1628 年，蒙古族土尔扈（hù）特部迁徙到万里之外的伏尔加河流域居住，从此在异乡生活了一百四十多年。沙俄占领伏尔加河流域以后，继续向外扩张。他们向土尔扈特人征收大量赋税，并驱使土尔扈特人为其打仗。土尔扈特人不堪沙俄的剥削压迫，于 1771 年在首领渥巴锡的率领下，突破沙俄的层层围追堵截返回祖国。

乾隆皇帝闻讯非常高兴，高度赞扬土尔扈特人东归义举，并分给他们草场，让他们过上安居乐业的生活。乾隆在承德热情招待了渥巴锡，渥巴锡遂将这把祖传腰刀进献给乾隆。腰刀长 86 厘米，刀刃宽 3.5 厘米，刀鞘由鲨鱼皮和牛皮制成。刀鞘上缀有白色皮条，上面有满、蒙、汉三种文字，文字有所残缺，但仍可见“渥巴锡进”几个字。渥巴锡进献腰刀是中国古代民族团结的重要见证，具有十分重要的价值。

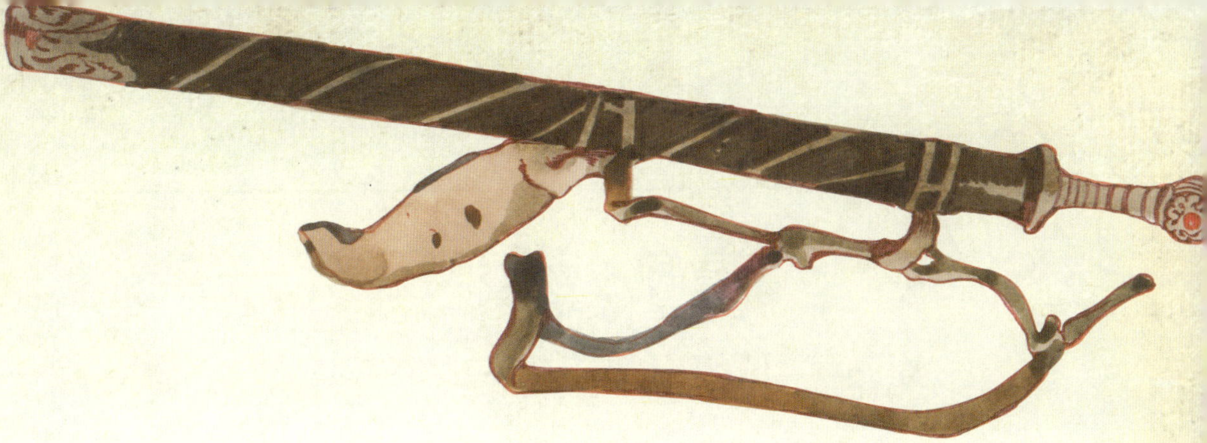

1628ལོར་སོག་པོ་ཐོ་གོད་ཚོ་བ་སྤྱི་ལེ་ཁྲིའི་མཚམས་ཀྱི་ཧྲུ་ཨེར་ཙ་གཙང་འགྲམ་དུ་གནས་སྤོས་ཏེ་དེ་གར་ལོ་ངོ་བརྒྱ་དང་བཞི་བཅུ་ལྷག་ལ་འཚོ་བ་རོལ། ཧྲ་ཧོང་ཨུ་རུ་སུས་ཧྲུ་ཨེར་ཙ་གཙང་པོ་བཙན་བཟུང་བྱས་རྗེས་སྨུ་མཐུད་དུ་མངའ་ཁོངས་རྒྱ་བསྐྱེད། ཁོ་ཚོས་ཐོ་གོད་ཚོ་བ་ལ་ཁྲལ་འུལ་མང་པོ་བསྡུས་པར་མ་ཟད། ད་དུང་གཡུལ་ལ་མངགས། ཐོ་གོད་ཚོ་བས་ཨུ་རུ་སུའི་གཉའ་གནོན་མ་བཟོད་པར། 1771ལོར་དཔོན་པོ་ཕྱོ་པ་ཞིའི་སྣེ་ཁྲིད་འོག་ཨུ་རུ་སུའི་དྲག་ཤུགས་བརྗོལ་ནས་མེས་རྒྱལ་གྱི་ཕར་དུ་ལོག།

གོང་མ་ཆན་ལུང་གིས་གནས་ཚུལ་དེ་ཐོས་རྗེས་དགའ་བ་འབུམ་གྱིས་མྱོས་ཏེ། ཐོ་གོད་ཚོ་བར་རྫས་སོགས་སྐྱལ་བར་མ་ཟད། ཁོང་ཚོ་དེ་གར་བདེ་སྐྱིད་ངང་འཚོ་བ་རོལ་ཆོག་པའི་བཀའ་མཛད། ཆན་ལུང་གིས་ཁྲེང་ཏེ་ནས་སོག་པོ་ཕྱོ་པ་ཞི་སྣེ་ལེན་བྱེད་སྐབས། ཕྱོ་པ་ཞིས་རང་གི་སྐེད་གྲི་འདི་ཆན་ལུང་ལ་ཕུལ། སྐེད་གྲིའི་རིང་ཚད་ལ་ལི་སྨི་86དང་གྲིའི་ཁའི་ཞེང་ལ་ལི་སྨི་3.5ཡོད། གྲི་ཤུབས་ནི་ཉ་སྤྱིན་གྱི་ཀོ་བ་དང་གླང་ཀོ་གཉིས་ལས་བཟོས་པ་དང་སྟེང་དུ་ཀོ་སྐུད་དཀར་པོའི་རྒྱན་བཏབ་པར་མ་ཟད། མན་ཇུ་དང་སོག་པོ། རྒྱ་ཡིག་གསུམ་གྱི་ཡི་གེའང་བཀོས་ཡོད། ཡི་གེ་ལ་སྔོན་ཤོར་ཡང་"ཕྱོ་པ་ཞིས་ཕུལ"ཞེས་པ་གསལ་བར་མཐོང་ཐུབ། ཕྱོ་པ་ཞིས་ཕུལ་བའི་སྐེད་གྲི་འདི་ཀྲུང་གོའི་མི་རིགས་མཐུན་སྒྲིལ་གྱི་ལོ་རྒྱུས་དན་རྟགས་ཡིན་པས་རིན་ཐང་ཆེན་པོ་ལྡན་ནོ། །

30 《皇清职贡图》

《ཆིང་གོང་མར་མཇལ་བའི་རི་མོ།》

地点 故宫博物院　ཉར་ཡུལ། ཕོ་བྲང་རྙིང་མ་རྟེན་མཛོད་གླིང་།
时代 清　དུས་སྐབས། ཆིང་།

清朝前期中国幅员辽阔、人口众多，是一个统一多民族、国力强大的国家。当时许多少数民族以及国外一些国家前来朝拜，乾隆皇帝令人将朝拜者的衣冠相貌绘制成图，编成《皇清职贡图》一书。全书九卷内容分别为：卷一域外，卷二西藏，卷三关东、福建、湖南，卷四广东、广西，卷五甘肃，卷六四川，卷七云南，卷八贵州，卷九为续增，以线描的方式共绘制了300种不同民族和地区的人物图像。图后有说明文字，简要介绍该民族与清王朝的关系及当地的风土民情。

图为《皇清职贡图》书影，戴白帽子男子为哈萨克人图像。男子头戴红白色高顶皮帽，身穿酱红色长袍，脚蹬尖角皮靴。这些画像是画家根据真实情况绘制，具有很高的可信度。

ཆིང་དུས་མགོར་ཀྲུང་གོ་ནི་ས་རྒྱ་ཆེ་ཞིང་མི་གྲངས་མང་ལ། མི་རིགས་མང་པོ་གཅིག་ཏུ་འདུས་པའི་སྟོབས་ལྡན་རྒྱལ་ཁབ་ཅིག་ཡིན། སྐབས་དེར་གྲངས་ཉུང་མི་རིགས་དང་ཕྱིའི་རྒྱལ་ཁབ་གོང་མར་མཇལ་བར་ཡོང་ན། གོང་མ་ཆན་ལུང་གིས་བློན་ལ་བཀའ་སྩལ་ནས་སྐུ་མགྲོན་རྣམས་ཀྱི་ཆ་བྱད་ཇི་བཞིན་དུ་རི་མོར་འགོད་པ་ཡིན། དེ་དག་དེབ་ཏུ་བསྒྲིགས་ཏེ་《ཆིང་གོང་མར་མཇལ་བའི་རི་མོ་》ཞེས་བརྗོད། འདི་ལ་བམ་པོ་དགུ་ཡོད་པའི་དང་པོ་ཕྱི་རྒྱལ་དང་གཉིས་པ་བོད་ལྗོངས། གསུམ་པ་ཀོན་ཏུང་དང་ཧྲུ་ཅན་དང་ཧུའུ་ནན། བཞི་པ་ཀོང་ཏུང་དང་ཀོང་ཞི། ལྔ་པ་ཀན་སུའུ། དྲུག་པ་སི་ཁྲོན། བདུན་པ་ཡུན་ནན། བརྒྱད་པ་ཀུའེ་ཀྲོའུ། དགུ་པ་ཁ་སྐོང་ཡིན། དེབ་ཡོངས་སུ་ཁྱོན་སྟོམ་མི་རིགས་དང་ས་གནས་མི་འདྲ་བ་300ལྷག་གི་མི་སྣའི་རི་མོ་བཞུགས། རི་མོའི་རྗེས་སུ་མི་རིགས་དེ་དང་ཆིང་རྒྱལ་རབས་བར་གྱི་འབྲེལ་བ་དང་མི་རིགས་དེའི་ཡུལ་སྲོལ་སོགས་མདོར་བསྡུས་ཤིག་ཡོད།

འདིར་ཡོད་པ་ནི་《ཆིང་གོང་མར་མཇལ་བའི་རི་མོ་》ཞེས་པའི་དེབ་ཀྱི་འདྲ་རིས་ཡིན། ཉ་གྲོན་པ་ནི་ཏ་སག་གི་སྐྱེས་པ་ཞིག་རེད། ཁོའི་མགོ་ལ་ཞྭ་མོ་དཀར་དམར་རྩེ་མཐོ་མ་ཞིག་དང་ལུས་ལ་ལྭ་རིང་དམར་པོ། རྐང་ལ་ཀོ་ལྷམ་ཡུ་རིང་གྱོན། འདི་དག་ནི་སྐབས་དེའི་དངོས་ཡོད་གནས་ཚུལ་ལྟར་བྲིས་པས་ཡིད་རྟོན་རུང་བའོ། །

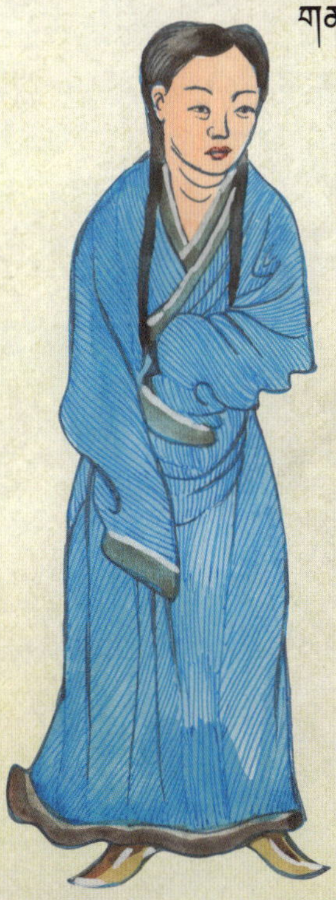

31 金奔巴瓶

གསེར་བུམ་དཀྲུགས་འདོན།

地点 西藏博物馆　ཉར་ཡུལ། བོད་ལྗོངས་རྟེན་མཛོད་ཁང་།

时代 清　དུས་སྐབས། ཆིང་།

藏传佛教认为，活佛去世后以“灵童”的方式转世重生。僧侣们寻找到转世灵童，重新将他奉为活佛。达赖、班禅是西藏最高宗教领袖，权力很大，清代中前期的达赖、班禅转世往往受到西藏大贵族操纵。1793年，清政府开始实施金瓶掣签制度，避免达赖、班禅转世被操纵。

金瓶掣签的具体做法是：在拉萨大昭寺设金奔巴瓶，将寻访到的每一位灵童的姓名、年龄用满、汉、藏三种文字写在象牙签上，将象牙签放入金奔巴瓶。众喇嘛诵经7日，驻藏大臣在众人见证下用金筷子抽出象牙签，将抽中灵童的姓名和年龄报请中央批准。金奔巴瓶瓶高34厘米，口径12厘米，重约2.85千克，黄金制造，表面饰有各种花纹、宝石。金瓶掣签制度大大加强了中央对西藏地区的管辖。金奔巴瓶是清代中央政府与西藏关系的见证，具有很高的历史价值。

བོད་བརྒྱུད་ནང་བསྟན་ལྟར་ན། བླ་མ་གང་ཞིག་དགོངས་པ་རྫོགས་རྗེས་ཡོང་གི་རྣམ་སྤྲུལ་ཡང་བསྐྱར་འཇིག་རྟེན་དུ་བྱོན་པ་ཡིན། རྗེས་འཇུག་རྣམས་ཀྱིས་བླ་མའི་སྤྲུལ་སྐུ་བཙལ་ཏེ་ཡང་བསྐྱར་བླ་མར་བཀུར་ཞིང་ཁྲི་ལ་མངའ་གསོལ་བ་རེད། ཏཱ་ལའི་དང་པཎ་ཆེན་རྣམ་གཉིས་བོད་བརྒྱུད་ནང་བསྟན་གྱི་སྣེ་ཁྲིད་པ་གཙོ་བོ་ཡིན་པས་ཆོས་ལུགས་ཐད་ནས་དབང་ཆ་ཤིན་ཏུ་མཐོ། ཆིང་དུས་དཀྱིལ་ཙམ་ལ་སླེབས་རྗེས་ཏཱ་ལའི་དང་པཎ་ཆེན་རྣམ་གཉིས་ཀྱི་སྤྲུལ་སྐུ་ངོས་འཛིན་བོད་ལྗོངས་ཀྱི་སྐུ་དྲག་དག་གིས་སྐོར་གཙོད་བྱས། དེར་དམིགས་ནས1793ལོར་ཆིང་སྲིད་གཞུང་གིས་གསེར་བུམ་དཀྲུགས་འདོན་གྱི་ལམ་སྲོལ་བཏོད།

གསེར་བུམ་དཀྲུགས་འདོན་གྱི་གོ་རིམ་ནི། ཐོག་མར་གཙུག་ལག་ཁང་དུ་གསེར་བུམ་གྲ་སྒྲིག་བྱེད་པ་དང་། དེ་ནས་བྱིས་པ་སོ་སོའི་མིང་དང་ལོ་སོགས་བོད་རྒྱ་མན་ཇུ་ཡིག་རིགས་གསུམ་གྱིས་བ་སོའི་མཚན་བྱང་སྟེང་བཀོད་ནས་གསེར་བུམ་དུ་འཇོག། བླ་གྲྭ་ཡོངས་ཀྱིས་ཉིན་7ལ་རིམ་གྲོ་བསྒྲུབས་རྗེས་བོད་སྡོད་ཨམ་བན་གྱིས་མང་ཚོགས་ཀྱི་མདུན་དུ་གསེར་ཐུར་གྱིས་གསེར་བུམ་ལས་བ་སོའི་མཚན་བྱང་ཕྱིར་འདོན་པ་ཡིན། མཇུག་མཐར་མཚན་བབས་པའི་བྱིས་པའི་མིང་དང་ལོ་གྲངས་སོགས་ཆིང་སྲིད་གཞུང་ལ་སྙན་ཞུ་འབུལ་དགོས། གསེར་བུམ་གྱི་མཐོ་ཚད་ལ་ལི་སྨི34དང་ཁ་ཚད་ལ་ལི་སྨི12དང་ལྟོད་ཚད་ལ་སྟོང་ཁེ2.85ཡོད། རྒྱུ་ཆ་གསེར་ལས་གྲུབ་ཅིང་ངོས་སུ་མེ་ཏོག་དང་ནོར་བུ་སོགས་ཀྱི་རི་མོ་ཡོད། གསེར་བུམ་དཀྲུགས་འདོན་ལམ་ལུགས་ཀྱིས་ཀྲུང་དབྱང་གིས་བོད་ས་གནས་ལ་དོ་དམ་བྱེད་པར་ཤུགས་བསྣན་ཞིང་། ཆིང་ཀྲུང་དབྱང་སྲིད་གཞུང་དང་བོད་ལྗོངས་ཀྱི་འབྲེལ་བའི་མཚོན་རྟགས་ཡིན་པས་ལོ་རྒྱུས་རིན་ཐང་ཆེན་པོ་ལྡན།

32 藏文《四部医典》

《གསོ་རིག་རྒྱུད་བཞི།》

地点 中国藏医药文化博物馆　ཉར་ཡུལ། ཀྲུང་གོའི་བོད་ཀྱི་གསོ་རིག་རིག་གནས་རྟེན་མཛོད་ཁང་།

时代 清　དུས་སྐབས། ཆིང་།

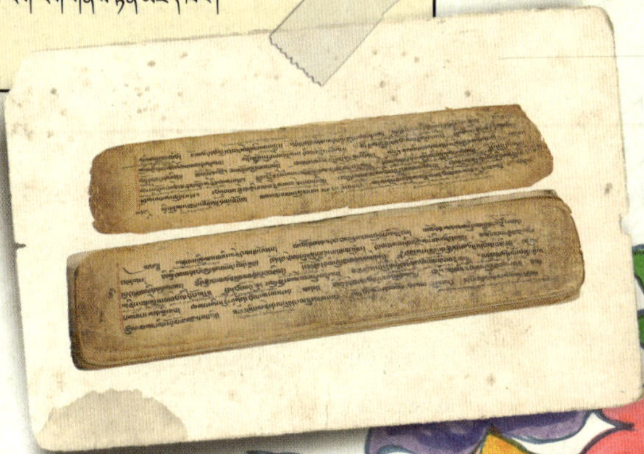

中国除了中医以外，还有少数民族医学，如藏医、蒙医、苗医、傣医等。藏医是藏族人民千百年来与自然和疾病做斗争的过程中积累的宝贵医学经验。公元8世纪，著名藏医学家宇妥·宁玛云丹贡布总结前人经验，吸收借鉴中医以及印度、阿拉伯、波斯等地区医学经验，编绘出藏医巨著《四部医典》。《四部医典》规模宏大，分为四部156章，是藏医体系形成的标志。

位于青海西宁的中国藏医药文化博物馆是全国唯一一家以藏医药及藏医文化为主题的博物馆。该馆收藏了一部完整的清代《四部医典》，藏文版木板印刷，长约40厘米，宽8厘米，字迹工整、清晰。藏医突出了用药的独特性，以及对一些疑难杂症的特殊疗效，它是中国医学的重要组成部分，也是中华民族宝贵的医学财富。

ཀྲུང་གོར་ཀྲུང་ལུགས་གསོ་རིག་མ་ཟད་གྲངས་ཉུང་མི་རིགས་ཀྱི་གསོ་རིག་ཀྱང་ཡོད། དཔེར་ན་བོད་དང་སོག་པོ། མིའོ་རིགས་དང་ཏའེ་རིགས་སོགས་ཀྱི་གསོ་བ་རིག་པ་ལྟ་བུ། དེ་དག་ལས་བོད་ཀྱི་གསོ་བ་རིག་པ་ནི་ལོ་ངོ་སྟོང་ཕྲག་རིང་ལ་བོད་ཀྱི་མེས་པོ་རྣམས་ཀྱིས་རང་བྱུང་ཁམས་དང་ནད་གདོན་ལ་འཐབ་རྩོད་བྱས་པའི་གོ་རིམ་ཁྲོད་གསོག་འཇོག་དང་སྤེལ་བྱས་པའི་གསོ་ཐབས་ཀྱི་སྒྲོམ་ཁ་ལས་བྱུང་། དུས་རབས་8པར། བོད་ཀྱི་གསོ་རིག་དེད་དཔོན་གཡུ་ཐོག་སྙིང་མ་ཡོན་ཏན་མགོན་པོ་མཆོག་གིས་རྒྱ་གར་དང་ཨ་རབ། ཏ་ཟིག་སོགས་ཀྱི་གསོ་རིག་ཉམས་མྱོང་བླངས་ཏེ་བོད་ཀྱི་གསོ་རིག་བསྟན་བཅོས་《གསོ་རིག་རྒྱུད་བཞི་》མཛད། འདི་ལ་ཁག་བཞི་དང་ལེའུ་156ཡོད་ལ་ནང་དོན་རྒྱ་ཆེ་ཞིང་གཏིང་ཟབ། འདིས་བོད་ཀྱི་གསོ་རིག་གཞུང་ལུགས་ཀྱི་མ་ལག་གྲུབ་པ་མཆན།

མཚོ་སྔོན་ཞི་ལིང་གྲོང་ཁྱེར་དུ་གནས་པའི་ཀྲུང་གོའི་བོད་ཀྱི་གསོ་རིག་རིག་གནས་རྟེན་མཛོད་ཁང་ནི་རྒྱལ་ནང་གི་བོད་ཀྱི་གསོ་བ་རིག་པ་བརྗོད་གཞིར་བྱས་པའི་རྟེན་མཛོད་ཁང་གཅིག་པུ་ཡིན། དེར་ཆིང་རྒྱལ་རབས་སྐབས་ཀྱི་《གསོ་རིག་རྒྱུད་བཞི་》ཆ་ཚང་འདི་བཞུགས། དཔེ་ཆའི་རིང་ཚད་ལ་ལི་སྨི་40དང་ཞེང་ལ་ལི་སྨི་8ཡོད། ཡི་གེ་གྲ་དག་ཅིང་ངོས་གཙང་ཡིན། བོད་ཀྱི་གསོ་རིག་གི་ཁྱད་ཆོས་ནི་སྨན་གྱི་སྦྱོར་བ་དང་ནད་རིགས་སྣ་འདུས་ལ་དམིགས་གསལ་གྱི་ནད་བཅོས་བྱེད་ཐབས་སྤྱོད་པ་དེ་ཡིན། བོད་ཀྱི་གསོ་བ་རིག་པ་ནི་ཀྲུང་གོའི་གསོ་རིག་གི་གྲུབ་ཆ་གལ་ཆེན་ཞིག་ཡིན་པར་མ་ཟད། ཀྲུང་ཧྭ་མི་རིགས་ཀྱི་གསོ་རིག་གི་ཉིང་བཅུད་ཀྱང་ཡིན།

33 广东虎门抗英烈士“忠勇义冢（zhǒng）”墓坛

ཀོང་ཏུང་ཧུའུ་མོན་གྱི་དབྱིན་འགོག་དཔའ་བོའི་དུར་རྫ།

地点 中国国家博物馆　ཉར་ཡུལ། ཀྲུང་གོ་རྒྱལ་གཉེར་རྟེན་མཛོད་ཁང་།
时代 清　དུས་སྐབས། ཆིང་།

鸦片战争前，英国人向中国走私了大量鸦片。鸦片严重损害了中国人的身体健康，还造成大量的白银外流。1839 年 6 月，钦差大臣林则徐在虎门当众销毁了英、美商贩走私的 110 多万公斤鸦片，警告他们以后不要走私鸦片。虎门销烟的消息传入英国后，英国政府公然支持鸦片贩子，发动侵华战争。

1841 年 2 月，英国舰队进攻虎门一带炮台。在广东水师提督关天培的指挥下，中国官兵奋勇抵抗，但由于双方武器差距过大，中国以失败告终。虎门之战后，部分阵亡将士遗体没人认领，当地老百姓将遗体安葬，两年后按照当地风俗将遗骨起出，用陶罐装好进行合葬。中国国家博物馆收藏的这件墓坛，是虎门之战阵亡烈士墓坛之一。该陶罐高 55.5 厘米，口径 25 厘米，安放着为国捐躯无名英烈的骸骨，是中国人宁死不屈、抵御外敌侵略的见证。

ཞལ་ཐ་དམག་འཁྲུག་གི་རྗེས་སུ། དབྱིན་ཇིས་ཀྲུང་གོར་ཞལ་ཐ་མང་པོ་སློག་འཚོང་བྱས། དེས་ཀྲུང་གོ་པའི་ལུས་པོའི་བདེ་ཐང་ལ་གནོད་པ་ཚབས་ཆེན་བཟོས་པར་མ་ཟད་དངུལ་སྒོར་མང་པོའང་ཕྱི་ལ་ཤོར། 1839ལོའི་ཟླ་6པར། གོང་ཚབ་དཔོན་པོ་ལིན་ཙེ་ཞུས་ཀྱིས་ཀོང་ཏུང་ཧུའུ་མོན་ནས་དབྱིན་ཇི་དང་ཨ་རིའི་ཚོང་པས་སློག་འདྲེན་བྱས་པའི་ཞལ་ཐ་སྤྱི་རྒྱ་ཁྲི་110མེད་བརླག་བཟོས་པ་དང་ཕྱིས་སུ་ཞལ་ཐ་འདྲེན་མི་ཆོག་པའི་ཉེན་བརྡ་བཏང་། ཧུའུ་མོན་ཞལ་ཐ་མེད་བརླག་བཏང་བའི་གནས་ཚུལ་དབྱིན་ཇིར་འགྱུར་རྗེས། དབྱིན་ཇིའི་སྲིད་གཞུང་གིས་ཞལ་ཐ་ཚོང་པ་རྣམས་ལ་རྒྱབ་སྐྱོར་བྱས་ཏེ་ཀྲུང་གོར་བཙན་གནོན་བྱེད་པའི་དམག་འཁྲུག་བསླངས།

1841ལོའི་ཟླ་2པར། དབྱིན་ཇིའི་དམག་གྲུས་ཧུའུ་མོན་ས་ཆར་མེ་སྒྱོགས་འཕངས། མཆོ་དམག་སྤྱི་ཁྱབ་དཔོན་ཀོན་ཐེན་ཕེ་ཡི་བཀོད་འདོམས་འོག་ཀྲུང་གོའི་དམག་གིས་ངོ་རྒོལ་བྱས། འོན་ཀྱང་མཁོགས་གཉིས་ཀྱི་མཚོན་ཆ་ལ་བཟང་ངན་ཤོར་བས། མཇུག་མཐར་ཀྲུང་གོ་ཕམ། ཧུའུ་མོན་གཡུལ་འགྱེད་རྗེས་སུ། དམག་མི་མང་པོ་ཞིག་གི་བེམ་པོ་ངོས་འཛིན་བྱེད་མཁན་མ་བྱུང་སྟབས། ས་གནས་མང་ཚོགས་ཀྱིས་དེ་དག་དུར་དུ་སྦས། དེ་ནས་ལོ་གཉིས་ཀྱི་རྗེས་སུ་ས་གནས་ཀྱི་ལུགས་སྲོལ་ལྟར་རུས་པ་བླངས་ནས་རྫ་ཁོག་ཏུ་བཙུག་སྟེ་ལྷན་དུ་དུར་འཇུག་བྱས། འདི་ནི་ཧུའུ་མོན་གཡུལ་འགྱེད་ཀྱི་དཔའ་བོའི་དུར་རྫ་ཡིན། མཐོ་ཚད་ལ་ལི་སྨི་55.5དང་ཁ་ཚད་ལ་ལི་སྨི་25ཡོད། རྫ་ཁོག་ཏུ་རྒྱལ་ཁབ་ཀྱི་དོན་དུ་རང་སྲོག་བློས་བཏང་བའི་མིང་མི་ཤེས་པའི་དཔའ་བོ་རྣམས་ཀྱི་རུས་པ་ཡོད་ཅིང་། ཀྲུང་གོ་པའི་འཆི་བར་མི་སྐྲག་པའི་དགྲ་འགོག་སྙིང་སྟོབས་མཚོན།

34 洪秀全的天王玉玺

ཧུང་ཞིའུ་ཆོན་གྱི་གནམ་རྒྱལ་ཐམ་ཀ།

地点 中国国家博物馆　ཉར་ཡུལ། ཀྲུང་གོ་རྒྱལ་གཉེར་རྟེན་མཛོད་ཁང་།

时代 清　དུས་སྐབས། ཆིང་།

鸦片战争失败后，清政府被迫对外开放。百姓遭受西方殖民者与清政府的双重压迫，处境日益困难。1843 年，在科举道路上屡屡失败的洪秀全创立拜上帝教，在广西秘密传教。1851 年，洪秀全在广西桂平金田村发动起义，建立太平天国。为了摆脱清军的围追堵截，太平军北上，先后围困桂林、长沙，攻克武昌。1853 年 3 月，攻克南京，并将南京改为天京，作为都城。

这枚洪秀全的天王玉玺，是太平天国最高权力的凭证。该玉玺用青玉制成，正方形，边长 20.4 厘米，高 2.7 厘米，纽高 7.4 厘米。玉玺用宋体阳刻“太平玉玺，天父上帝，天兄基督，天王洪日，恩和辑睦，救世幼主，主王舆笃，八位万岁，真王贵福，永定乾坤，永锡天禄”44 字，与传统帝王玉玺不同。天京被攻破时，该玉玺为清军所得。

ཉལ་ཐ་དམག་འཁྲུག་ཕམ་རྗེས། ཆིང་སྲིད་གཞུང་གིས་གཞན་གྱི་བཙན་སྐུལ་འོག་རྒྱལ་སྒོ་མི་ཕྱེ་ཐབས་མེད་དུ་གྱུར། མང་ཚོགས་ཀྱིས་ནུབ་ཕྱོགས་མི་སེར་སྤྱིལ་མཁན་དང་ཆིང་སྲིད་གཞུང་གཉིས་ཀའི་གཉའ་གནོན་མྱོང་དགོས་པ་བྱུང་། 1843ལོར་དཔོན་གཞུང་རྒྱུགས་ལེན་ལ་ཕམ་ཁ་ཐེངས་མང་མྱོང་བའི་ཧུང་ཞིའུ་ཆོན་གྱིས་དཀོན་མཆོག་ལ་མཆོད་པའི་ཆོས་ལུགས་གསར་བཏོད་བྱས་ཏེ་གོང་ཞི་སོགས་སུ་གསང་སྟབས་དང་ཆོས་ལུགས་སྤེལ། 1851ལོར་ཧུང་ཞིའུ་ཆོན་གྱིས་གོང་ཞི་ཀུའེ་ཕིང་ཅིན་ཐེན་སྟེ་བ་ནས་ངོ་ལོག་བྱས་ཏེ་ཞི་བདེ་གནམ་རྒྱལ་བཙུགས། ཆིང་དམག་གི་ཚུར་རྒོལ་ལ་གཞའ་ཆེད། ཞི་བདེ་དམག་བྱང་ཕྱོགས་སུ་བསྐྱོད་ནས་ཀུའེ་ལིན་དང་ཁྲང་ཧྲ། ཝུའུ་ཁྲང་སོགས་བླངས། 1853ལོའི་ཟླ་3པར། ནན་ཅིང་བླངས་པར་མ་ཟད་དེ་ཉིད་ཐེན་ཅིང་དུ་བསྒྱུར་ཏེ་རྒྱལ་སར་གཏན་ཁེལ་བྱས།

ཧུང་ཞིའུ་ཆོན་གྱི་གནམ་རྒྱལ་ཐམ་ཀ་འདིས་ཞི་བདེ་གནམ་རྒྱལ་གྱི་ཆེས་མཐོའི་དབང་ཆ་མཚོན། དབྱིབས་གྲུ་བཞི་ཁ་གང་ལ་གཡང་ཏི་སྔོ་མདངས་མས་བཟོས་པ་ཞིག་རེད། མཐའི་རིང་ཚད་ལ་ལི་སྨི་20.4དང་མཐོ་ཚད་ལ་ལི་སྨི་

2.7དང་འཇུ་ལོང་གི་མཐོ་ཚད་ལ་ལི་སྨི་7.4ཡོད། སྟེང་དུ"ཞི་བདེའི་གཡང་ཏིའི་ཐམ་ཀ །གནམ་གྱི་བདག་པོ་དཀོན་མཆོག །གནམ་གྱི་སྤྲུན་མཆེད་ཡེ་ཤུ། །གནམ་གྱི་རྒྱལ་པོ་ཧུང་རི། །གནམ་འོག་ཞི་བདེ་འཆམ་མཐུན། །མགོན་པོ་ལོ་གཞོན་དམ་པ། །གཙོ་རྒྱལ་ཕྱེད་ལ་འདུད་ཅིང་། །སྐུ་ཚེ་ཁྲི་ལོར་བརྟན་ཅིག །"ཅེས་པའི་རྒྱ་ཡིག་44བཀོས་ཡོད། འདི་ཀྲུང་གོའི་སྲོལ་རྒྱུན་གྱི་གོང་མའི་གཡང་ཏིའི་ཐམ་ཀ་དང་མི་འདྲ། ཆིང་དམག་གིས་ཐེན་ཅིང་བླངས་རྗེས་ཐམ་ཀ་འདང་ཤོར།

35

太平天国忠王李发金匮县黄祠墓祭田凭

ལི་ཞིའུ་ཁྲེང་གིས་ཅིན་ཁུའི་རྫོང་ཚང་ལ་གནང་བའི་ས་ཡིག།

地点 太平天国历史博物馆　　ཉར་ཡུལ། ཞི་བདེ་གནམ་རྒྱལ་ལོ་རྒྱུས་རྟེན་མཛོད་ཁང་།

时代 清　　དུས་སྐབས། ཆིང་།

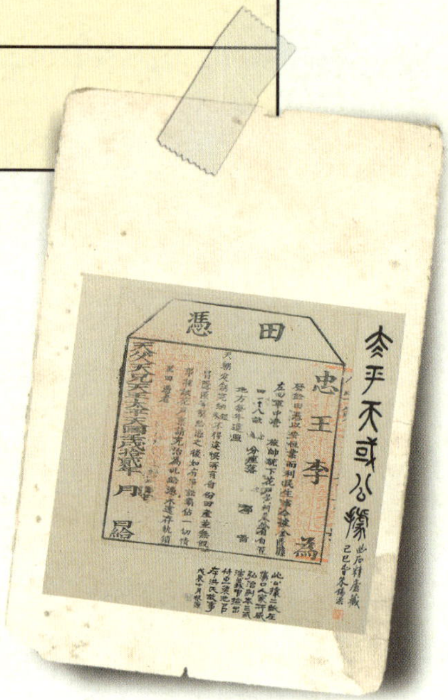

古代中国是一个农业大国，大多数人依靠土地生活。每当土地兼并严重，大多数人没有土地时，社会就会陷入动乱之中。像许多农民起义一样，太平天国也将平均分配土地作为它的奋斗目标。它想要建立一个“有田同耕，有饭同食，有衣同穿，有钱同使，无处不均匀，无人不饱暖”的理想社会。

太平天国在其统治区域内进行了土地改革，这张田凭是 1862 年太平天国忠王李秀成发给金匮县黄氏宗族祠堂及墓祭田地的凭证。该田凭长 37.4 厘米、宽 40.1 厘米，上面写明田地大小，告诫持有者每年应该按时纳税。上盖有两枚太平天国长方形红色官印，周围还有收藏信息的题跋。此田凭是太平天国后期土地制度的重要实物资料，具有重要的研究价值。

太平天國公據

གནའ་བོའི་ཀྲུང་གོ་ནི་ཞིང་ལས་རྒྱལ་ཁབ་ཅིག་ཡིན། མི་མང་ཆེ་བས་ཞིང་ས་ལ་བརྟེན་ནས་ཁ་གསོ་བ་རེད། མང་ཚོགས་ལ་ས་ཞིང་མེད་ཚེ་སྤྱི་ཚོགས་ཟང་ཟིང་དུ་འགྱུར་བས། ལོ་རྒྱུས་ཐོག་གི་ཞིང་པའི་ཁྱེན་ལོག་གཞན་དང་མཚུངས་པར་ཞི་བདེ་གནམ་རྒྱལ་གྱིས་ཀྱང་ས་ཞིང་ཆ་སྙོམས་བྱེད་པ་དམིགས་ཡུལ་དུ་བཟུང་། ས་ཞིང་མཉམ་སྨོ་དང་ཟ་མ་མཉམ་ཟ། གྱོན་ཆས་མཉམ་གོན། དངུལ་སྒོར་མཉམ་སྤྱོད་ཀྱི་འདྲ་སྙོམས་སྤྱི་ཚོགས་ཤིག་བསྐྲུན་རྒྱུ་ཁོ་ཚོའི་དམིགས་ཡུལ་རེད།

དེར་བརྟེན་ཞི་བདེ་གནམ་རྒྱལ་གྱིས་རང་གི་མངའ་ཁོངས་སུ་ས་ཞིང་བཙོས་སྐྱུར་བྱས། ས་ཡིག་འདི་ནི་1862ལོར་ཞི་བདེ་གནམ་རྒྱལ་ལ་བློ་དཀར་བའི་དཔོན་པོ་ལི་ཞིའུ་ཁྲིང་གིས་ཅིན་ཁུའི་རྫོང་གི་ཧྲོང་ཚང་ལ་གནང་བའི་ས་ཡིག་རེད། ས་ཡིག་གི་རིང་ཚད་ལ་ལི་སྨི37.4དང་ཞེང་ལ་ལི་སྨི40.1ཡོད། སྟེང་དུ་ས་ཞིང་གི་ཆེ་ཆུང་བཀོད་ཡོད་པར་མ་ཟད། ལོ་རེར་ཁྲལ་འཇལ་དགོས་ཚུལ་ཡང་བསྟན། གཞན་ཞི་བདེ་གནམ་རྒྱལ་གྱི་གྲུ་བཞི་ནར་མོ་དབྱིབས་ཀྱི་ཐམ་ཀ་དམར་པོ་གཉིས་བརྒྱབ་ཡོད་ཅིང་འགྲམ་དུ་ཉར་ཚགས་བྱ་དགོས་ཚུལ་བྲིས་འདུག། ས་ཡིག་འདི་ནི་ཞི་བདེ་གནམ་རྒྱལ་དུས་མཇུག་ལ་ས་ཞིང་བཙོས་སྐྱུར་བྱས་པའི་རྒྱུ་ཆ་གལ་ཆེན་ཡིན་པས་ཞིབ་འཇུག་རིན་ཐང་ལྡན།

36

镇远舰铁锚

ཀྲིན་ཡོན་དམག་གྲུའི་ལྕགས་ཀྱུ།

地点	中国人民革命军事博物馆	ཉར་ཡུལ།	ཀྲུང་གོ་མི་དམངས་གསར་བརྗེ་དམག་དོན་རྟེན་མཛོད་ཁང་།
时代	清	དུས་སྐབས།	ཆིང་།

两次鸦片战争，英、法殖民者凭借船坚炮利击败了人口众多、疆域辽阔的清政府。晚清以来列强多从海上入侵中国，清政府曾组建了一支近代化的海军舰队——北洋舰队。北洋舰队 1874 年开始建造，至 1888 年编练成军，拥有大小舰船 25 艘，战斗力在当时排名亚洲第一、世界第八。

镇远舰是北洋舰队的主力战舰，也是北洋水师指挥舰，1885 年从德国进口。舰长 94.5 米，宽 18 米，排水量 7335 吨，配备大小火炮 22 门，战斗乘员 331 人，具有很强的攻防能力。1894 年中日甲午战争爆发，中国不敌日本，镇远舰也被日军俘获。为了炫耀其战绩，日本人将镇远舰铁锚拆下陈列在东京上野公园。抗日战争胜利后，日本被迫将铁锚归还中国。此锚长 4.15 米、重约 4 吨，不仅记载了近代以来中华民族所遭受的耻辱，也见证了中华民族由衰败走向复兴的进程。

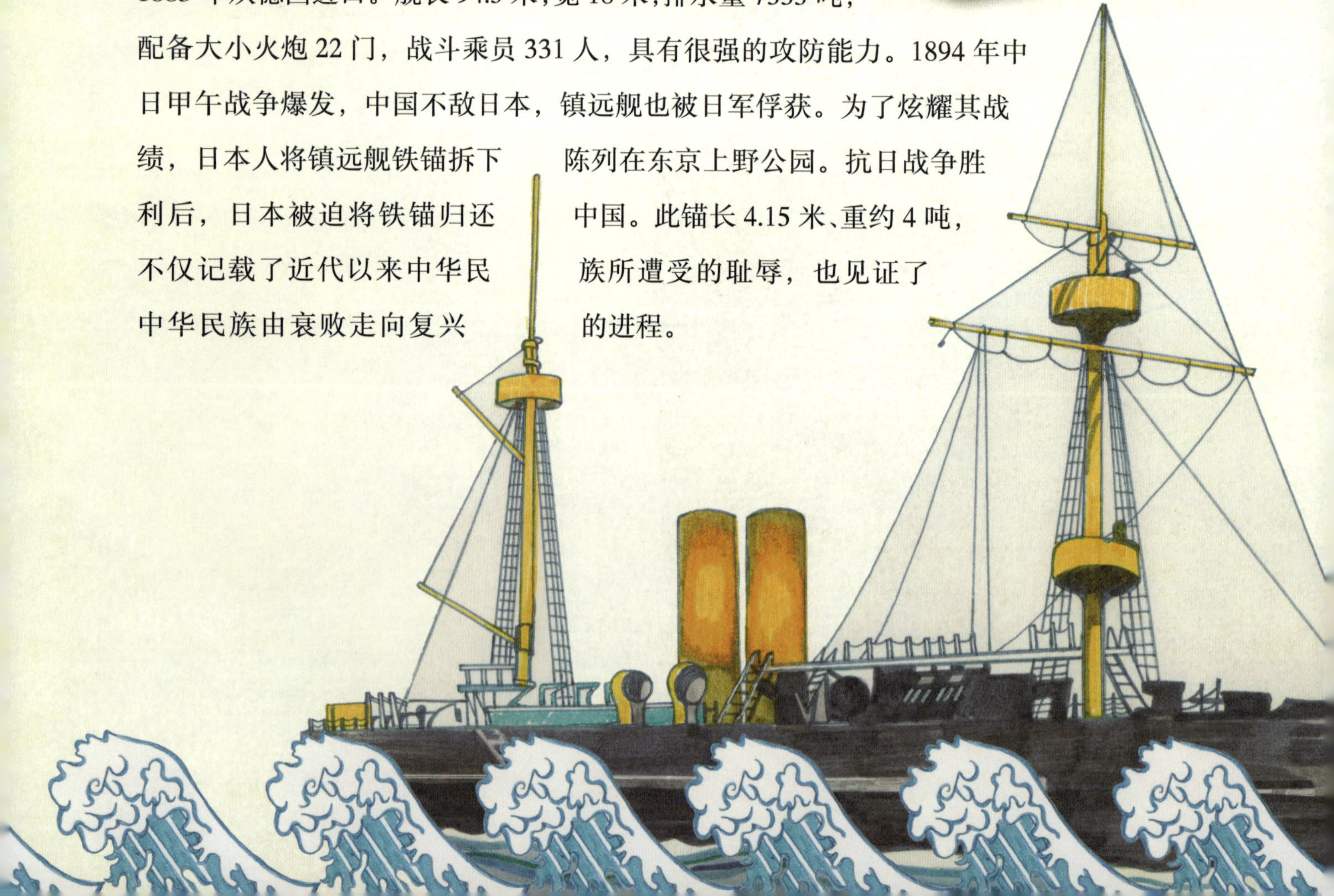

ཉལ་ཐ་དམག་འབྲུག་ཐེངས་གཉིས་ཀྱི་རྗེས་སུ། དབྱིན་ཇི་དང་ཐྲ་རན་སིའི་མི་སེར་སྤྱིལ་མཁན་གྱིས་མེ་སྒྲོགས་ཡོད་པའི་མཚོ་གྲུར་བརྟེན་ནས་མི་གྲངས་མང་ཞིང་ས་རྒྱ་ཆེ་བའི་ཆིང་སྲིད་གཞུང་ཕམ་པར་བྱས། ཆིང་དུས་མཇུག་ནས་བཟུང་། བཙན་འཛུལ་པ་མང་པོ་མཚོ་ལམ་བརྒྱུད་དེ་ཀྲུང་གོར་སླེབས། ཆིང་སྲིད་གཞུང་གིས་དེ་འགོག་ཆེད་དེང་རབས་ཅན་གྱི་མཚོ་དམག་གྲུ་དཔུང་ཞིག་བཙུགས་པ་ལ་པེ་དབྱང་གྲུ་དཔུང་ཟེར། པེ་དབྱང་གྲུ་དཔུང་1874ལོར་བཙུགས་འགོ་བརྩམས་ཏེ་1888ཡོངས་སུ་གྲུབ། བསྡོམས་པས་གྲུ་གཟིངས་ཆེ་ཆུང་25ཡོད་ལ། གཡུལ་འཐབ་ནུས་པ་སྐབས་དེའི་ཡ་གླིང་གི་ཨང་དང་པོ་དང་འཛམ་གླིང་གི་ཨང་བརྒྱད་པ་རེད།

ཀྲིན་ཡོན་དམག་གྲུ་ནི་པེ་དབྱང་གྲུ་དཔུང་གི་དམག་གྲུ་གཙོ་བོ་དང་པེ་དབྱང་མཚོ་དམག་གི་བཀོད་འདོམས་གྲུ་སྟེ་1885ལོར་འཇར་མན་ནས་ནང་འདྲེན་བྱས། གྲུའི་རིང་ཚད་ལ་སྨི་94.5དང་ཞེང་ལ་སྨི་18དང་ལྗིད་ཚད་ལ་ཏུན་7335ཡོད། ནང་དུ་མེ་སྒྲོགས་ཆེ་ཆུང་22དང་འཐབ་མི་པ་331ཤོངས། 1894ལོའི་ཀྲུང་འཇར་ཤིང་རྟ་ལོའི་དམག་འཁྲུག་ཁྲོད་འཇར་པན་རྒྱལ་བས་ཀྲིན་ཡོན་དམག་གྲུའང་འཕྲོག། ཁོ་ཚོའི་རྒྱལ་ཁ་མངོན་ཕྱིར། འཇར་པན་གྱིས་ཀྲིན་ཡོན་དམག་གྲུའི་ལྕགས་ཀྱུ་བླངས་ཏེ་ཏུང་ཅིང་རྔང་ཡེ་སྤྱི་གླིང་དུ་བཤམས། འཇར་འགོག་དམག་འཁྲུག་མཇུག་རྫོགས་རྗེས། འཇར་པན་གྱིས་ལྕགས་ཀྱུ་འདི་ཕྱིར་ཀྲུང་གོར་མི་སྤྲོད་ཀ་མེད་བྱུང་། ལྕགས་ཀྱུའི་རིང་ཚད་ལ་སྨི་4.15དང་ལྗིད་ཚད་ལ་ཏུན་4ཡོད། འདིས་ཉེ་རབས་སུ་ཀྲུང་ཧྭ་མི་རིགས་ཀྱིས་བརྙས་བཅོས་མྱོང་ཚུལ་མཚོན་པར་མ་ཟད། ཀྲུང་ཧྭ་མི་རིགས་རྒྱུད་ནས་བསྐྱར་དར་བྱུང་བའི་བརྒྱུད་རིམ་ཡང་མཚོན།

37 京师大学堂校匾
ཅིང་ཧྲི་གཙུག་ལག་སློབ་ཆེན་གྱི་སྒོ་བྱང་།

地点	北京大学校史馆	ཉར་ཡུལ།	པེ་ཅིང་སློབ་ཆེན་སློབ་གྲྭའི་ལོ་རྒྱུས་ཁང་།
时代	清	དུས་སྐབས།	ཆིང་།

甲午战争后，有识之士认识到中国与西方列强的差距不仅仅在军事武器方面，深层次的原因则在制度上。1898 年，戊戌变法期间，维新派创立了京师大学堂。京师大学堂创立于 19 世纪末民族危机严重之时，是近代中国历史上中央政府创建的第一所大学，它既是当时中国的最高学府，也是最高教育行政机关。

京师大学堂的匾额，木质，长方形，竖挂在大学校门上。匾额中央书写着“大学堂”三个工整大字，书写者为清代状元、光绪皇帝老师、大学堂首任校长孙家鼐。1912 年，辛亥革命后，京师大学堂改名北京大学，随即又改名为国立北京大学。北京大学是我国最著名的大学之一，为中华民族发展培养了一大批优秀人才。

ཞིང་ཧྲ་ལོའི་དམག་འཁྲུག་གི་རྗེས་ནས། ཞེས་ཡོན་པས་ཀྲུང་གོ་དང་ནུབ་ཕྱོགས་བཙན་རྒྱལ་བར་གྱི་ཁྱད་པར་དམག་དོན་དང་མཚོན་ཆ་ཁོ་ན་ཙམ་མིན་པར། ཆེས་རྩ་བར་གྱུར་པའི་ལམ་ལུགས་ཀྱི་ཁྱད་པར་ཡིན་པ་རྟོགས། 1898ལོར། ས་ཁྲི་ལོའི་ལུགས་སྒྱུར་སྐབས་སུ་གསར་བཅོས་ཕྱོགས་ཁག་གིས་ཅིང་ཧྲི་གཙུག་ལག་སློབ་ཆེན་བཙུགས། གཙུག་ལག་སློབ་ཆེན་ནི་དུས་རབས་19པའི་སྨད་ལ་རྒྱལ་ཁབ་ཉམས་རྒུད་དུ་འགྲོ་བཞིན་པའི་སྐབས་སུ་བཙུགས་ཤིང་། ཉེ་རབས་ཀྲུང་གོའི་ལོ་རྒྱུས་ཐོག་ཀྲུང་དབྱང་སྲིད་གཞུང་གིས་བཙུགས་པའི་སློབ་ཆེན་ཐོག་མ་ཡིན། འདི་ནི་ཀྲུང་གོའི་སློབ་ཆེན་གྱི་ཡང་རྩེ་དང་སློབ་གསོ་ལས་ཁུངས་ཀྱི་ཡང་རྩེའང་ཡིན།

ཅིང་ཧྲི་གཙུག་ལག་སློབ་ཆེན་གྱི་སྒོ་བྱང་ནི་ཤིང་གིས་བཟོས་ཤིང་དབྱིབས་གྲུ་བཞི་ནར་མོ་ཡིན། སྒོ་བྱང་གི་དཀྱིལ་དུ“སློབ་ཆེན”ཞེས་པའི་ཡི་གེ་ཆེན་པོ་བྲིས་ཡོད། འབྲི་མཁན་ནི་ཆིང་རྒྱལ་རབས་ཀྱི་ཀྲུང་ཡོན་དང་གོང་མ་ཀོང་ཞིའི་དགེ་རྒན་དང་ཅིང་ཧྲི་གཙུག་ལག་སློབ་ཆེན་གྱི་སློབ་གཙོ་ཐོག་མ་སུན་ཇ་ནའེ་རེད། 1912ལོར་ལྷུགས་ཕག་ལོའི་གསར་བརྗེ་བྱུང་རྗེས། ཅིང་ཧྲི་གཙུག་ལག་སློབ་ཆེན་པེ་ཅིང་སློབ་ཆེན་དུ་བསྒྱུར་བ་དང་ཕྱིས་སུ་རྒྱལ་བཙུགས་པེ་ཅིང་སློབ་ཆེན་དུ་བསྒྱུར། པེ་ཅིང་སློབ་ཆེན་ནི་རང་རྒྱལ་གྱི་མིང་དུ་གྲགས་པའི་སློབ་ཆེན་ཡིན་ལ། ཀྲུང་ཧྭ་མི་རིགས་ཀྱི་དོན་དུ་ཕུལ་བྱུང་ཤེས་ཡོན་པ་མང་པོ་སྐྱེད་སྲིང་བྱས།

38

京剧《洪洋洞》绢画

པེ་ཅིང་ཟློས་གར་《ཧུང་དབྱང་ཕུག་པའི་》རས་བྲིས།

地点 故宫博物院　　ཉར་ཡུལ། ཕོ་བྲང་རྙིང་མ་རྟེན་མཛོད་གླིང་།

时代 清　　དུས་སྐབས། ཆིང་།

看戏是中国人的一项重要娱乐活动。中国戏曲种类繁多，如昆曲、徽剧、豫剧、黄梅戏、秦腔等，表演形式各有不同。清代中后期，北京的徽班在吸收其他戏曲优点的基础上创造了一种新的剧种——京剧，主要分为生、旦、净、丑四大行当，通过脸谱、服装区分戏中人物身份、职位、年龄以及忠奸善恶。京剧是我国现代最大的戏曲剧种，受到人民群众的喜欢。

这幅《洪洋洞》绢画，正方形，边长56厘米。左下角有“洪洋洞”题名，故事源自《杨家将演义》中的“孟良盗骨”。画中一共有8人，身旁标注了角色和姓名，8人的服饰、脸谱都有不同。当时中国还没有摄影技术，无名氏所绘的《洪洋洞》是我们了解早期京剧服饰、脸谱的重要资料。

བློས་གར་ནི་ཀྲུང་གོ་པའི་ལྟད་མོ་གཙོ་བོ་ཞིག་ཡིན། ཀྲུང་གོའི་བློས་གར་ལ་རིགས་མང་། དཔེར་ན་ཁུན་ཆུས་བློས་གར་དང་ཨན་ཧུའེ་བློས་གར། ཧོ་ནན་བློས་གར། ཧོང་མེ་བློས་གར། ཆིང་ཆང་ལྷ་བུ། དེ་དག་གི་འཁྲབ་སྟངས་མི་འདྲ། ཆིང་དུས་དཀྱིལ་དང་དུས་མཇུག་ནས་བཟུང་། པེ་ཅིང་བློས་གར་ཚོགས་པས་ས་ཆ་གཞན་གྱི་བློས་གར་གྱི་ལེགས་ཆ་གཅིག་བསྡུས་བྱས་པའི་ རྨང་གཞིའི་སྟེང་བློས་གར་གསར་པ་ཞིག་བསྐྲུན་པ་ལ་པེ་ཅིང་བློས་གར་ཟེར། པེ་ཅིང་བློས་གར་ལ་སྐྱེས་པ་དང་མཛངས་མ། དམ་པ། མི་སྡུག་པ་བཅས་འཁྲབ་སྟོན་གྱི་རྣམ་པ་མི་འདྲ་བ་བཞི་ཡོད། གཙོ་བོ་ཞལ་འབག་དང་གྱོན་ཆས་ལ་བརྟེན་ནས་གར་ནང་གི་མིའི་ཐོབ་ཐང་དང་ལས་ཀ། ལོ་ཚོད། བཟང་ངན་སོགས་ཤན་འབྱེད་པ་ཡིན། པེ་ཅིང་བློས་གར་ནི་མིག་སྔར་རང་རྒྱལ་གྱི་ཁྱབ་ཁྱབ་ཆེས་ཆེ་ཞིང་མང་ཚོགས་ཀྱི་དགའ་བསུ་ཐོབ་པའི་བློས་གར་ཞིག་ཡིན།

《ཧུང་དབྱང་ཕྱུག་པའི་》 དར་ཁྲིས་འདི་གྲུ་བཞི་ཁ་གང་ཞིག་སྟེ། མཐའི་རིང་ཚད་ལ་ལི་སྨི56དང་གཡོན་མཐིལ་དུ“ཧུང་དབྱང་ཕྱུག་པ”ཞེས་པའི་མཚན་བྱང་ཡོད། ནང་དོན་ནི 《དབྱང་ཚང་དམག་དཔོན་གྱི་འཁྲབ་དོན་》 ཞེས་པའི་ནང་གི“མེང་ལང་གིས་རྡུས་པ་བརྐུས་པའི”གཏམ་རྒྱུད་ཡིན། རི་མོའི་ཁྲོད་མི་སྣ8ཡོད་ཅིང་། སོ་སོའི་འཁྲབ་བྱ་དང་རྡུས་མིང་སོགས་བཀོད་པར་མ་ཟད། ཞལ་འབག་དང་གྱོན་ཆས་སོགས་ཀྱང་མི་འདྲ། སྐབས་དེར་ཀྲུང་གོར་བརྐྱན་པར་ལག་རྩལ་མེད་པས། 《ཧུང་དབྱང་ཕྱུག་པ་》 ནི་དུས་རབས་སྔ་མའི་པེ་ཅིང་བློས་གར་གྱི་གྱོན་ཆས་དང་ཞལ་འབག་ལ་ཞིབ་འཇུག་བྱེད་པའི་རྒྱུ་ཆ་གལ་ཆེན་ཞིག་རེད།

39

象牙萝卜

བ་སོའི་ལ་ཕུག།

地点 河南博物院　ཉར་ཡུལ། ཧོ་ནན་རྟེན་མཛོད་ཁང་།

时代 清　དུས་སྐབས། ཆིང་།

牙雕是一门古老的工艺美术，从新石器时代一直延续至今。象牙光洁如玉，质地坚实细密，雕刻成工艺品更是备受人们喜欢。明清两代，皇宫曾设立专门雕刻象牙的作坊。当时的士大夫崇尚淡雅精致的生活，因此出现了许多田园意味浓郁的牙雕。

这件象牙萝卜长 27 厘米、重 165 克，萝卜根部为象牙白色，向上逐渐变为水红色，顶端还有一簇翠绿的叶子。萝卜雕刻细腻、配色柔美、过渡自然，根须分明。叶子上有一只咀嚼茎叶的蝈蝈，连腿上的刺都清晰可见，造型十分逼真。象牙萝卜工艺精湛、设计巧妙，是一件精美的清代象牙工艺品。象牙、象牙工艺品十分昂贵，巨大的利益给大象带来灭顶之灾。为了保护大象，目前我国已经禁止象牙买卖、加工，违者将受到法律的制裁。

བ་སོའི་འབྱུར་བཀོས་ནི་རྡོ་ཆས་གསར་མ་ནས་ད་ལྟའི་བར་རྒྱུན་བསྐྱངས་པའི་གནའ་བོའི་ལག་ཤེས་མཛེས་བཟོ་ཞིག་ཡིན། བ་སོ་ཡང་གཡང་ཏི་ལྟར་ངོས་གཙང་ཞིང་འཇམ་ལ་རྒྱུ་སྤུས་བཟང་། དེས་བཀོ་བཟོ་བྱས་པའི་རྒྱུ་ཆ་ལ་མི་རྣམས་ཀྱིས་དགའ་བསུ་ཆེན་པོ་ཐོབ། མིང་ཆིང་རྒྱལ་རབས་སུ། གོང་མའི་ཕོ་བྲང་དུ་ཆེད་དུ་བ་སོའི་བཟོ་ཁང་བཙུགས་ཡོད། སྐབས་དེར་དཔོན་པོ་རྣམས་ཚད་མཐོ་བའི་འཚོ་བ་རོལ་བས་ཞིང་གྲོང་གི་ཁྱད་ཆོས་ལྡན་པའི་བ་སོའི་ཅ་ལག་མང་པོ་བྱུང་།

བ་སོའི་ལ་ཕྱུག་འདིའི་རིང་ཚད་ལ་ལི་སྨི་27དང་ལྡིད་ཚད་ལ་ཁེ་165ཡོད། ལ་ཕྱུག་གི་རྩ་བ་བ་སོ་དཀར་པོ་དང་དེ་ནས་རིམ་བཞིན་ཁ་དོག་དམར་པོ་ཡིན། རྩེ་མོར་ལྗང་མདོག་གི་ལོ་མ་སྟུག་པོ་ཡོད། ལ་ཕྱུག་གི་བཀོས་རིས་ཞིབ་ཅིང་ཁ་དོག་མཛེས། ལྷན་སྐྱེས་ཀྱི་ཁྱད་ཉམས་ཡོངས་སུ་ཐོན་པར་མ་ཟད། བཟོ་རྩལ་ཁྱད་དུ་འཕགས་ཤིང་ངོ་མཚར་ཆེ་བ་སོགས་ཆིང་རྒྱལ་རབས་ཀྱི་བ་སོའི་བཟོ་རྩལ་ཐོན་རྫས་ལེགས་པོ་ཞིག་རེད། བ་སོ་དང་བ་སོའི་ཐོན་རྫས་ཀྱི་རིན་གོང་ཏ་ཅང་ཆེ། བ་སོ་བླངས་པ་དེས་གླང་ཆེན་གྱི་ཚེ་སྲོག་ལ་གནོད་པ་ཚབས་ཆེན་བཟོས་པས། མིག་སྔར་རང་རྒྱལ་གྱིས་བ་སོའི་ཉོ་འཚོང་བཀག་སྡོམ་བྱས་ནས་ཉེན་ཅན་ཁྲིམས་ལ་སྦྱོར་བའི་གཏན་འབེབས་བཟོས།

40 牙雕镂空套球

བ་སོའི་སྒྲུ་གུ་ཆགས་རིས་ནང་སྒྲུག་མ།

地点 故宫博物院 ཉར་ཡུལ། ཕོ་བྲང་རྙིང་མ་རྟེན་མཛོད་ཁྱིང་།

时代 清 དུས་སྐབས། ཆིང་།

牙雕套球又称“同心球”“鬼工球”，是中国古代象牙雕刻工艺之一。工匠选用整块象牙细心雕刻，球内套球、每层球都可以转动，因此又称同心球。牙雕套球在我国历史悠久，宋代时曾出现 3 层套球，此后此工艺逐渐提升，至清末时出现了 28 层牙雕套球。清代时，广东是牙雕套球最主要的生产地。

故宫博物院收藏的这件套球，是清代皇宫中的一件陈设品。套球与链子总长 51 厘米，由鱼身龙首钩、镂空球、和合二仙人物坠三部分组成。工匠们凭借其高超的智慧、工艺，在 10 厘米的小球内雕刻出 16 层小球，每层有 12 孔，厚度不及 2 毫米，每层小球均可以自由转动。套球最外层雕刻有花卉、风景等图案，内部小球雕刻有双钱纹、菊纹及米字格纹装饰。牙雕套球工艺复杂，雕刻难度大，是中国古代象牙工艺品的代表作。

བ་སོའི་གྲུ་གུ་ཚགས་རིས་ནང་གྲུག་མ་ལ་གྲུ་གུ་ནང་མཚུངས་མ་དང་འདྲེའི་གྲུག་ཅེས་ཀྱང་ཟེར། དེ་ནི་བ་སོའི་མཛེས་ཆས་ཤིག་སྟེ། བཟོ་བོས་ཐོག་མར་བ་སོ་ཧྲིལ་པོ་ཞིག་བརྐོས་ཏེ་གྲུ་གུ་ཕོག་སྟོང་ནང་དུ་གྲུ་གུ་ཆུང་བ་ཞིག་བཟོ་དགོས། གྲུ་གུ་ཕྱི་ནང་གཉིས་ཀ་འགུལ་ཐུབ་པས་གྲུ་གུ་ནང་མཚུངས་མ་ཞེས་བརྗོད། རང་རྒྱལ་གྱི་བ་སོའི་གྲུ་གུའི་ལོ་རྒྱུས་རིང་། སུང་རྒྱལ་རབས་སུ་གྲུ་གུ་བརྩེགས་མ་3ཅན་བྱུང་ཞིང་། ཆིང་རྒྱལ་རབས་སུ་གྲུ་གུ་བརྩེགས་རིམ་28ཅན་བྱུང་། ཆིང་གི་སྐབས་སུ་གོང་ཀྲུང་ནི་བ་སོའི་གྲུ་གུའི་ཐོན་ཁུངས་གཙོ་བོ་ཡིན།

གྲུ་གུ་ནང་གྲུག་མ་འདི་ཆིང་གོང་མའི་ཕོ་བྲང་གི་རྟེན་གཙོ་བོ་ཞིག་ཡིན། གྲུ་གུ་དང་འཛིན་ཐག་གཉིས་ཀྱི་རིང་ཚད་ལ་ལི་སྨི་51ཡོད། གྲུ་གུ་ཧྲིལ་པོ་ཉ་ལུས་འབྲུག་མགོ་ཅན་གྱི་ཨ་ལོང་དང་གྲུ་གུ་ཕོག་སྟོང་། ལྷ་མིའི་སྐྲ་རྒྱན་བཅས་ཀྱིས་གྲུབ། བཟོ་བོ་རྣམས་ཀྱིས་རང་ཉིད་ཀྱི་ཁྱད་དུ་འཕགས་པའི་བློ་རིག་དང་ལག་རྩལ་ལ་བརྟེན་ནས། ལི་སྨི་10ལས་མེད་པའི་གྲུ་གུ་ཞིག་གི་ནང་དུ་གྲུག་ཆུང་རིམ་པ་16ཡོད་པ་ཞིག་བརྐོས་ཏེ་རིམ་པ་རེ་ལ་ཁྲུང་བུ་12རེ་བཏོད། གྲུ་གུ་རེ་རེའི་མཐུག་ཚད་ལི་སྨི་2ལས་མེད་ཀྱང་རིམ་པ་སོ་སོའི་གྲུ་གུ་རྣམས་འགུལ་ཐུབ། གྲུ་གུའི་ཕྱི་ངོས་སུ་མེ་ཏོག་དང་ཡུལ་ལྗོངས་བཀོད་ཡོད། ནང་གི་གྲུ་གུའི་ངོས་སུ་ལུག་མིག་མེ་ཏོག་དང་ནས་འབྲུ་ལྟ་བུའི་ཁྲུང་བུ་བཏོད། གྲུ་གུ་ནང་གྲུག་མ་འདིའི་བཟོ་རྩལ་རྙོག་འཛིང་ཆེ་ཞིང་བཟོ་ཚོགས་ཆེ་བས། གུང་གོའི་གནའ་བོའི་བ་སོ་ལག་ཤེས་ཀྱི་ཚབ་མཚོན་དུ་གྱུར།

41 宣德款铜熏炉

ཞོན་དི་བཟངས་ཀྱི་སྤོས་ཕོར།

地点 故宫博物院　ཉར་ཡུལ། ཕོ་བྲང་རྙིང་མ་རྟེན་མཛོད་གླིང་།

时代 清　དུས་སྐབས། ཆིང་།

宣德皇帝朱瞻基（1399—1435），是明朝的第五位皇帝，除了具有较强的政治才能外，他还具有较高的文化、艺术素养。宣德皇帝认为宫中使用铜器过于简陋，特意从暹罗国（今泰国）进口一批红铜，令工匠参考古书、仿照宋代官窑瓷器重新制作。经过十几次的精心铸造，最终铸成三千件铜器。这批铜器主要为香炉，因此被称作宣德炉。宣德炉工艺精湛，是明代工艺品中的珍品，此后很长一段时间成为香炉的通称。

目前传世宣德炉极为罕见，通常所见多为明清时期的仿制品。故宫博物院收藏的这件宣德款铜熏炉高 19.2 厘米，口径 14 厘米，圆口双耳三足，盖子镂空，底部刻有“大明宣德年制”标识。专家认为，从香炉盖上的龙纹判断，这件宣德香炉虽是清代仿制品，但其色泽温润，造型古朴典雅，不失为中国古代铜器中的一件珍品。

ཞོན་ཏི་སྐེ་ཀྲུའུ་ཀྲན་ཅི་(1399ནས་1435)ནི་མིང་རྒྱལ་རབས་ཀྱི་གོང་མ་ལྔ་པ་ཡིན། ཁོང་ཆབ་སྲིད་ལ་མཁས་པར་མ་ཟད། རིག་གནས་སྒྱུ་རྩལ་ལའང་ཧ་ཅང་མཁས། གོང་མ་ཞོན་ཏིས་ཕོ་བྲང་ནང་གི་ཟངས་ཆས་ཐབས་ཆག་རེད་སྣམ་སྐེ་ཆེད་དུ་ཐེ་ལན་ཏེ་ནས་ཟངས་དམར་ནང་འདྲེན་བྱས། བཟོ་བོ་མཁས་པར་བཀས་སྐུལ་བ་ལྟར་གནའ་དཔེ་ལ་གཞིར་བཅས་ཤིང་སུང་རྒྱལ་རབས་ཀྱི་གོན་ཛ་དོང་ལ་དཔེ་བལྟས་ནས་ཟངས་ཆས་བཏུངས། སྐབས་དེར་ཐེངས་བཅུ་ཕྲག་ལྷག་ལ་བཟོ་སྦྱང་བྱས་ཏེ་ཟངས་ཆས་སྟོང་ཕྲག་གསུམ་ལྷག་བཏུངས། དེ་དག་ལས་གཙོ་བོ་སྤོས་ཕོར་ཡིན་པས། ཀུན་གྱིས་ཞོན་ཏི་སྤོས་ཕོར་ཞེས་བརྗོད། ཞོན་ཏི་སྤོས་ཕོར་གྱི་བཟོ་རྩལ་ངོ་མཚར་ཞིང་རྣམ་པ་མཛེས་པས། མིང་རྒྱལ་རབས་སྐབས་ཀྱི་བཟོ་ཆས་ལས་རིན་ཐང་ཆེ་བར་གྱུར། ཕྱིས་སུ་སྤོས་ཕོར་སྤྱི་ལ་ཞོན་ཏི་སྤོས་ཕོར་ཞེས་ཐོགས།

མིག་སྔར་ཞོན་ཏི་སྤོས་ཕོར་དངོས་ནི་ཧ་ཅང་དཀོན། མང་ཆེ་ཤོས་དེའི་ལད་བཟོ་ཡིན། ཞོན་ཏི་སྤོས་ཕོར་འདིའི་མཐོ་ཚད་ལ་ལི་སྨི་19.2དང་ཁ་ཚད་ལ་ལི་སྨི་14ཡོད། རྣ་ལོང་གཉིས་དང་རྐང་པ་གསུམ་དང་ཁ་འགེབས་ཚགས་རིས་ཅན་ཡིན། མཐིལ་ཞབས་སུ"ཏཱ་མིང་ཞོན་ཏིའི་རིང་ལ་བཟོས"ཞེས་བཀོད་མོད། འོན་ཀྱང་ཆེད་མཁས་པས་བརྟག་ན། སྤོས་ཕོར་གྱི་ཁ་འགེབས་སྟེང་དུ་འབྲུག་རིས་ཤིག་ཡོད་པས་ཕལ་ཆེར་ཆིང་རྒྱལ་རབས་སྐབས་སུ་ལད་བཟོས་བྱས་པ་རེད་འདོད། མདངས་མཛེས་ལ་རྣམ་པ་གནའ་བོའི་ལུགས་དང་མཐུན་པས། ཀྲུང་གོའི་གནའ་བོའི་ཟངས་ཆས་རྩ་ཆེན་ཞིག་རེད།

42 石湾窑黄炳塑素胎金丝猫

ཧྲི་ཕན་ཛ་དོང་གི་ཧོང་པིང་གིས་བཟོས་པའི་ཞི་ལ་སེར་པོ།

地点 广东省博物馆　ཉར་ཡུལ། ཀོང་ཏུང་ཞིང་ཆེན་རྟེན་མཛོད་ཁང་།

时代 清　དུས་སྐབས། ཆིང་།

石湾窑位于广东佛山。该地自然资源丰富、依山傍水、交通便利，是清代广东著名的陶器生产基地。这里的土质特殊，适合制造人物、动物等模型，成品主要出口到国外。石湾能工巧匠辈出，黄炳（1815—1894）是其中最负盛名的一位工匠。他擅长雕塑动物和人物，尤其是猫、鸭、猴等动物。

广东省博物馆收藏的这件黄炳制作的素胎金丝猫，高 12.5 厘米，长 23.5 厘米。黄炳选用当地泥土，反复清洗沉淀，然后将其捏塑成形、镶嵌上眼珠。待陶胎八成干时，一丝一缕雕刻出猫的皮毛，放入炉内烧制。器物烧成后，通常不用再着色，因此被称作“素胎”。这只猫抬着头，双目圆睁盯着前方，四肢向后弯曲，似乎下一秒就要扑向猎物，栩栩如生，使人不由得感叹古人高超的智慧与精湛的技艺。

ཧི་ཕན་ཛ་དོང་ནི་ཀོང་ཁུང་རྫོ་ཧྲན་རི་བོ་ན་ཡོད། ཡུལ་དེའི་རང་བྱུང་ཐོན་ཁུངས་ལེགས་ཤིང་བཀོད་པ་མཛེས་ལ། འགྲིམ་འགྲུལ་སྟབས་བདེ་བས་ཆིང་རྒྱལ་རབས་ཀྱི་མིང་དུ་གྲགས་པའི་ཛ་ཆས་ཐོན་ཁུངས་སུ་གྱུར། ཡུལ་དེའི་ས་གཞིས་བཟང་བས་འཇིམ་སྐྱ་བཟོ་བར་ཕན། དེ་ལས་ཐོན་པའི་འཇིམ་སྐྱ་མང་པོ་ཕྱི་རྒྱལ་དུ་བཙོང་ངས། ཧི་ཕན་ཛ་དོང་ན་བཟོ་བོ་མཁས་པ་མང་པོ་ཡོད། དེ་ལས་སྙན་གྲགས་ཆེ་བ་ནི་ཧོང་པེང་(1815ནས་1894)ཡིན། ཁོང་མི་དང་སྲོག་ཆགས་བཟོ་བར་མཁས་ཤིང་། ཞི་ལ་དང་ངང་བ། སྤྲེའུ་སོགས་བཟོ་བར་དེ་བས་ཀྱང་མཁས།

ཧོང་པེང་གིས་བཟོས་པའི་ཞི་ལ་སེར་པོ་འདིའི་མཐོ་ཚད་ལ་ལི་སྨི་12.5དང་རིང་ཚད་ལ་ལི་སྨི་23.5ཡོད། འདི་ནི་ཧོང་པེང་གིས་གནས་དེའི་ས་འདམ་རྒྱུ་ཆ་བྱས་ནས། ཐེངས་དུ་མར་ས་བཀྲུས་ཤིང་བཙིས་ཏེ་ཞི་ལའི་རྣམ་པ་བཟོས་པ་དང་། དེ་ནས་དེ་ལ་མིག་འབྲས་བཀོད་ཅིང་། ཛ་སྐྱ་ཚུང་ཟད་སྐམ་རྗེས་སྟེང་དུ་ཞི་ལའི་སྤུ་ཤུན་རེ་རེ་བཞིན་བཀོད་དེ་ཐབ་ནང་དུ་བཞག་ནས་བསྲེགས་པ་རེད། ཆོས་གཞི་བྱུགས་མི་དགོས་པས་ཚོན་བྲལ་ཛ་ཆས་ཀྱང་ཟེར། ཞི་ལ་འདིས་མགོ་བོ་དགྱེ་ནས་མིག་གིས་མདུན་ཕྱོགས་སུ་ཅེར་བ་དང་། རྐང་ལག་ཚུང་ཟད་བཀུག་སྟེ་སེམས་ཅན་གཞན་ཞིག་འཛིན་གྲབས་ཡོད་པས་ཧ་ཅང་གསོན་ཉམས་ལྡན་པ་ཞིག་རེད།

43

清光绪千金猴王砚

ཀོང་ཞིའི་སྐབས་ཀྱི་རིན་ཆེན་སྤྲེལ་རྒྱལ་སྣག་གཞོང་།

地点 广东省博物馆　ཉར་ཡུལ། ཀོང་ཏུང་ཞིང་ཆེན་རྟེན་མཛོད་ཁང་།

时代 清　དུས་སྐབས། ཆིང་།

笔、墨、纸、砚被称作文房四宝。中国古代的墨一般用煤炭、松树烟灰制成，固体块状，使用时需要加上水在砚台上研磨。古代的砚台多为石头或铜质。质地细腻坚硬、有天然花纹且没有瑕疵的石头是最好的砚石。甘肃洮州的洮（táo）河砚、广东肇（zhào）庆的端砚、安徽歙（shè）县的歙砚、山西新绛（jiàng）的澄泥砚，被誉为古代四大名砚。

这方千金猴王砚外观呈长方形，长 25.5 厘米，宽 17.6 厘米。质地细腻温润，研墨处是一大片天然花纹，恰似一只蹲着的猕猴。工匠在猕猴周围精心雕刻，展现出一幅峰峦叠嶂、云雾缭绕的花果山形象。砚的左边刻有“千金猴王砚”，右边刻有工匠、收藏者姓名。此砚是清末湖广总督张之洞令人开采、制作的，被誉为广东三大名砚之首。

ཕིར་སྨྱུག་དང་སྣག་ཚ། ཤོག་བུ། སྣག་གཞོང་བཅས་ལ་དཔེ་ཁང་གི་རིན་ཆེན་རྣམ་བཞི་ཟེར། གནའ་དུས་སྣག་ཚ་ནི་སོལ་བ་དང་གསོམ་སྡོང་གི་ཐལ་བ་སྦྲ་མོ་བྱས་ནས་བཟོ་དགོས་ལ། བཀོལ་སྤྱོད་བྱེད་སྐབས་སྣག་གཞོང་དུ་ཆུ་བླུགས་ནས་བསྲེས་རྗེས་ཐད་ཀར་བཀོལ་ཆོག། གནའ་བོའི་སྣག་གཞོང་ལ་རྡོ་གཞོང་དང་རམ་ཟངས་གཞོང་ཡོད། དེ་ལས་རྒྱུ་སྤུས་སྲ་ཞིང་བརྐོས་རིས་ཡོད་པའི་སྣག་གཞོང་ལེགས་ཤོས་ནི་རྡོ་གཞོང་ཡིན། ཀན་སུའུ་ཐའོ་གྲོའུ་ཡི་ཐའོ་ཆུ་སྣག་གཞོང་དང་ཀོང་ཏུང་ཀྲོའོ་ཆིང་གི་སྣག་གཞོང་། ཨན་ཧོས་ཧྲེ་ཞོང་གི་སྣག་གཞོང་། ཧྲན་ཞི་སིན་ཅང་གི་སྣག་གཞོང་སེར་པོ་བཅས་ལ་གནའ་བོའི་སྣག་གཞོང་གྲགས་ཆེན་བཞི་ཟེར།

རིན་ཆེན་སྤྲེལ་རྒྱལ་སྣག་གཞོང་འདིའི་དབྱིབས་གྲུ་བཞི་ནར་མོ་ཡིན། རིང་ཚད་ལ་ལི་སྨི་25.5དང་ཞེང་ལ་ལི་སྨི་17.6ཡོད། རྒྱུ་ཆ་ལེགས་ཤིང་ངོས་འཇམ། སྣག་ཚ་འཐག་སར་བརྐོས་རིས་ཤིག་ཡོད་པ་ནི་སར་བསྡད་པའི་སྤྲེའུ་ངོ་མ་ཞིག་དང་མཚུངས། བཟོ་བོ་མཁས་པས་སྤྲེའུ་ཡི་མཐའ་ལ་རི་བོའི་མུ་ཁྱུད་ཀྱིས་འཁྲིལ་ཞིང་སྤྲིན་སྨུག་འཐིབས་པའི་རི་བོ་ཧྭ་ཀུའོ་ཡི་རྣམ་པ་བརྐོས་ཡོད། སྣག་གཞོང་གི་གཡོན་དུ"རིན་ཆེན་སྤྲེལ་རྒྱལ་སྣག་གཞོང་"ཞེས་དང་། གཡས་སུ་བཟོ་བོའི་མཚན་དང་ཉར་ཚགས་མཁན་གྱི་མཚན་སོགས་འདུག། སྣག་གཞོང་འདི་ཆིང་དུས་མཇུག་ལ་ཧྲུའུ་ནན་དང་ཀོང་ཏུང་གི་སྤྱི་ཁྱབ་དཔོན་ཀྲང་ཀྲི་ཏུང་གི་བཀའ་ལྟར་བཟོས་པའི་ཀོང་ཏུང་གི་སྣག་གཞོང་ཆེན་མོ་གསུམ་གྱི་ཡང་རྩེ་རེད།

44 犀角镂雕荷花荔枝纹杯

བསེ་རྭའི་པད་བྲུམ་ཚགས་རིས་མ།

地点 故宫博物院 ཉར་ཡུལ། ཕོ་བྲང་རྙིང་མ་རྟེན་མཛོད་ཁང་།
时代 清 དུས་སྐབས། ཆིང་།

历史上犀牛曾广泛分布于华中、华南地区，魏晋时期由于气候原因以及人为捕杀，中国境内的犀牛已经十分稀少，20 世纪初野生犀牛在中国彻底消失。古人认为犀牛具有某种神秘力量，可以镇邪、辟凶、保平安，因此对犀牛制品十分喜欢。明代时，随着郑和下西洋以及明末海禁的开放，许多原产于东南亚、南亚的犀牛角通过海上丝绸之路输入我国。民间开始制造犀角杯，至清代工艺已经日益成熟、完善。

这件犀角镂雕荷花荔枝纹杯，是清代犀角杯的代表作之一。该杯高 12.5 厘米，口径 9—13.8 厘米，按照犀角原形雕刻成一枝张开的荷叶，宛如花朵。底部正中有茎，缠绕着荔枝枝干，枝干上有莲蓬、荔枝果实等。此杯使用浮雕、镂雕等技术，工艺精湛、造型优美，是一件珍贵的清代艺术品。

གནའ་དུས་རི་དྭགས་བསེ་རུ་ནི་རང་རྒྱལ་དབུས་ཁུལ་དང་ལྷོ་ཁུལ་དུ་གནས། ཕྱི་ཅིན་དུས་སུ་ནམ་ཟླ་དང་རྫོན་པའི་རྐྱེན་གྱིས། བསེ་རུའི་ཁ་གྲངས་ཇེ་ཉུང་དུ་གྱུར་ཅིང་། དུས་རབས་20པའི་དུས་སྟོད་ལ་རང་རྒྱལ་གྱི་བསེ་རུ་རྩ་བ་ནས་ཉམས། གནའ་མིས་བསེ་རུའི་ར་ཡིས་གདོན་བགེགས་བར་ཆད་སེལ་ཐུབ་སྙམ་ནས་གཅེས་སྤྲས་ཆེན་པོ་བྱེད། མིང་རྒྱལ་རབས་སུ་གྲེང་ཧོ་ནུབ་རྒྱ་མཚོར་བསྐྱོད་པ་དང་མིང་དུས་མཇུག་ལ་མཚོ་ལམ་ཕྱེ་བ་དང་བསྟུན། ཨེ་ཤ་ཡ་ཤར་ལྷོ་དང་ལྷོ་རྒྱུད་ནས་ཐོན་པའི་བསེ་ར་མང་པོ་མཚོ་ཐོག་དར་གོས་ཚོང་ལམ་བརྒྱུད་དེ་རང་རྒྱལ་དུ་ཐོན། དམངས་ཁྲོད་དུ་བསེ་རའི་ཡོར་བ་དང་མཛེས་ཆས་མང་པོ་བྱུང་།

བསེ་རའི་པད་བུམ་ཚགས་རིས་མ་འདི་ཆིང་རྒྱལ་རབས་ཀྱི་བསེ་རའི་ཡོར་བ་ཁྱད་ཆོས་ཅན་ཞིག་རེད། མཐོ་ཚད་ལ་ལི་སྨི12.5དང་ཁ་ཚད་ལ་ལི་སྨི9ནས13.8ཡོད། བསེ་རའི་རྣམ་པ་ལྟར་མེ་ཏོག་པདྨ་ཁ་འབྱེད་ཅིག་བཀོས་པ་དང་། མཐིལ་ཞབས་སུ་རྩ་བ་དང་དེའི་སྟེང་དུ་ལི་ཀྲིའི་ཡལ་འདབ་དཀྲིས་ཤིང་ཡལ་གའི་སྟེང་ཤིང་ཏོག་ཐོགས། ཡོར་བ་འདི་ཚགས་རིས་ཀྱི་རྣམ་པར་བཀོས་ཡོད་པས་བཟོ་རྩལ་ངོ་མཚར་ཞིང་དབྱིབས་མཛེས་པ་དང་ཆིང་རྒྱལ་རབས་སྐབས་ཀྱི་མཛེས་ཆས་རྩ་ཆེན་ཞིག་རེད།

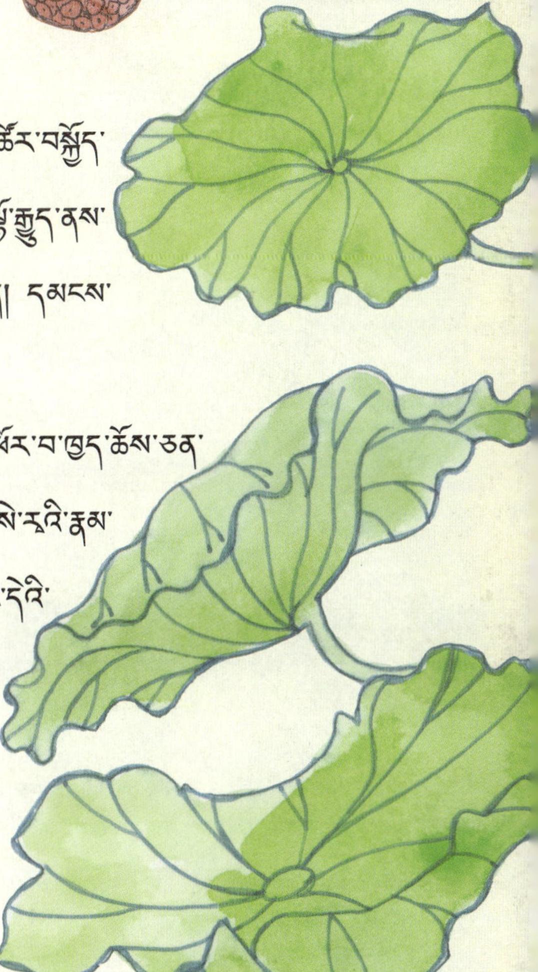

45 景德镇窑粉彩莲花杯

ཅིང་དེ་གྲོང་གི་རྫ་ཚོར་པད་འདབ་ཅན།

地点　上海博物馆　ཉར་ཡུལ།　ཧྲང་ཧའེ་རྟེན་མཛོད་ཁང་།

时代　清　དུས་སྐབས།　ཆིང་།

粉彩是清代出现的一种陶瓷施釉工艺。制作时以一种不透明的玻璃白粉打底，然后使用彩料作画，再经低温炉火烧制而成。粉彩颜色淡雅富有层次感，是中国古代水墨画与瓷器的完美结合。粉彩莲花杯，产于景德镇，高 6.2 厘米，长 19.7 厘米，宽 11.9 厘米，工艺精湛、造型优美，是清政府为纪念安徽太湖秋操而制作的，也是一件珍贵的清代粉彩瓷器。该杯以粉色的莲花瓣为器身，以黄绿色中空的叶梗作柄。人们可以通过叶梗吸水或喝酒，古人将这种造型称为吸杯。叶梗背面墨书“光绪三十四年安徽太湖附近秋操纪念杯”，下面还有 10024 的编号。光绪三十四年（1908），清政府在安徽太湖检阅编练的新式陆军。部分倾向革命的新军趁机发动起义，被誉为辛亥革命的前奏。

ཚོན་རྫ་ནི་ཆིང་རྒྱལ་རབས་སྐབས་སུ་བྱུང་བའི་ཆོས་མདངས་ཅན་གྱི་རྫ་ཆས་ཤིག་ཡིན། ཐོག་མར་ཕྱི་ནང་མི་གསལ་བའི་ཞེལ་གྱི་སྟེང་དུ་རྩི་དཀར་བྱུགས་པ་དང་། དེ་ནས་ཚོན་ཐལ་གྱིས་རི་མོ་བྲིས་ཏེ་ དྲོད་ཚད་དམའ་བའི་ཐབ་ནང་དུ་བཞག་ནས་བསྲེག་དགོས། ཚོན་རྫ་ནི་སྣུག་བྲིས་དང་རྫ་ཆས་ཟུང་འབྲེལ་གྱི་མཛེས་ཆས་ཤིག་སྟེ། ཁ་དོག་གསལ་ཞིང་རིམ་པ་ལྷུར་ཡོད། ཚོན་རྫའི་ཕོར་བ་པད་འདབ་ཅན་འདི་ཅིང་ཏི་ནས་ཐོན་ཞིང་། མཐོ་ཚད་ལ་ལི་སྨི་6.2དང་རིང་ཚད་ལ་ལི་སྨི་19.7དང་ཞེང་ལ་ལི་སྨི་11.9ཡོད། བཟོ་རྩལ་ལེགས་ཤིང་དབྱིབས་མཛེས། འདི་ནི་ཆིང་སྲིད་གཞུང་གིས་ཨན་ཧོས་ཐའེ་ཧུའུ་མཚོའུ་འགྲམ་གྱི་དམག་སྐྱོང་ལ་ཕྱིར་དྲན་བྱ་ཆེད་བཟོས་པའི་ཧ་ཅང་རིན་ཐང་ཅན་གྱི་རྫ་ཆས་ཤིག་རེད། ཕོར་བའི་ལོ་འདབ་སྒོ་དམར་དང་ཡལ་གའམ་འཇུ་ལོང་ལྷུང་སེར་ཡིན། མི་རྣམས་ཀྱིས་ཡལ་ག་བཟུང་སྟེ་ཕོར་བའི་ནང་ཆང་རམ་ཆུ་བླུགས་ནས་འཐུང་ཆོག་པས། གནའ་མི་རྣམས་ཀྱིས་འདི་རིགས་ལ་བདུད་ཕོར་ཡང་ཟེར། ཡལ་གའི་ལྷག་རྒྱབ་ཏུ་སྣག་སྨྱུག་གིས“ཀོང་ཞི་ཁྲི་ལོ་སོ་བཞི་པར་ཨན་ཧོས་ཐའེ་ཧུའུ་མཚོའུ་འགྲམ་གྱི་དམག་སྐྱོང་ཕྱིར་དྲན་ཕོར་བ”ཞེས་བྲིས་པ་དང་གཤམ་དུ་ཨང་རྟགས་10024ཡོད། ཀོང་ཞི་ཁྲི་ལོ་སོ་བཞི་པ་སྟེ་ཕྱི་ལོ་1908ལ་ཆིང་སྲིད་གཞུང་གིས་ཨན་ཧོས་ཐའེ་ཧུའུ་མཚོའུ་འགྲམ་ནས་རྐང་དམག་སྐྱོང་བརྡར་བྱས། སྐབས་དེར་གསར་བརྗེ་ལ་བློ་ཕྱོགས་པའི་དམག་མི་འགའ་རེས་གོ་སྐབས་དམ་འཛིན་གྱིས་གྱེན་ལོག་བྱས་པས། དེ་ལ་ལྕགས་ཕག་ལོའི་གསར་བརྗེའི་སྔོན་འགྲོ་ཡང་ཟེར།

46 《清帝退位诏书》

《ཆིང་གོང་མ་ཁྲི་ལ་ཕབ་པའི་བཀའ་ཤོག》

地点 中国国家博物馆　ཉར་ཡུལ། ཀྲུང་གོ་རྒྱལ་གཉེར་རྟེན་མཛོད་ཁང་།

时代 清　དུས་སྐབས། ཆིང་།

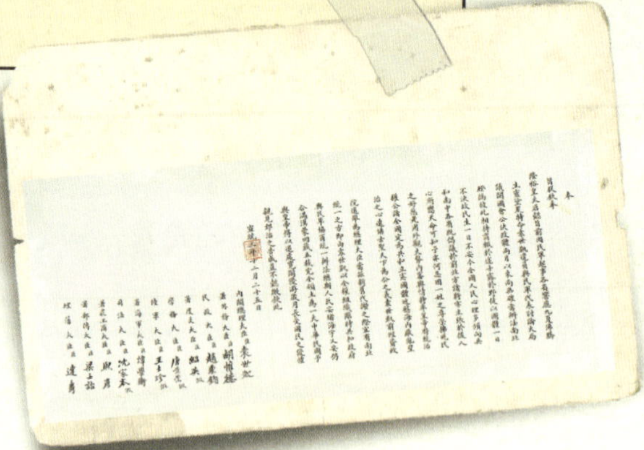

清朝末年，孙中山等许多有识之士意识到腐朽、落后的清政府无法救中国，立志推翻清政府，建立一个独立、自由、民主的共和国。革命党人宣传革命，多次发动起义，越来越多的民众倾向革命。1911 年 10 月，在革命思想的影响下，湖北新军发动起义。起义军迅速占领武昌，成立湖北军政府。各省纷纷响应武汉起义，至 11 月底，全国已有一半的省份宣布独立，支持革命。

清政府迫于革命形势，起用掌握北洋新军的袁世凯。袁世凯与孙中山等革命党人达成协议，并赞成共和，迫使清帝退位，由袁世凯担任临时大总统。最终，在袁世凯的软硬兼施下，清政府颁布诏书，宣布宣统皇帝退位。诏书正文三百多字，由清末状元、实业家张謇起草。《清帝退位诏书》宣布了 260 多年的清王朝灭亡，也宣布了中国 2100 多年封建王朝的结束。

ཆིང་གི་མཇུག་ཏུ། སུང་ཀྲུང་ཧྲན་གཙོས་པའི་ཤེས་ཡོན་པ་མང་པོས་ཆིང་སྲིད་གཞུང་གི་རྣུལ་སྲུངས་དང་རྗེས་ལུས་ཀྱི་རྣམ་པ་མཐོང་བས། སྲིད་དབང་མགོ་རྗེང་བསྒྲོགས་ཏེ་རང་དབང་དང་དམངས་གཙོ། རང་རྒྱུགས་ཀྱི་སྤྱི་མཐུན་རྒྱལ་ཁབ་ཅིག་འཛུགས་ན་འདོད། གསར་བརྗེ་ཏང་གིས་གསར་བརྗེ་ཁྲབ་བསྒྲགས་བྱས་ཏེ་ཐེངས་དུ་མར་གྱེན་ལོག་བྱེད་པར་སྐུལ་སློང་བྱས་མཐར་མང་ཚོགས་གསར་བརྗེ་ལ་བློ་སྤྲོགས། 1911ལོའི་ཟླ་10པར་གསར་བརྗེ་བསམ་བློའི་ཤུགས་རྐྱེན་འོག། ཧྲུའུ་པེ་དམག་དཔུང་གསར་པས་གྱེན་ལོག་བྱས། གྱེན་ལོག་དམག་གིས་ལམ་སེང་ཝུའུ་ཁྲང་གྲོང་ཁྱེར་བཟུང་ནས་ཧྲུའུ་པེ་དམག་མིའི་སྲིད་གཞུང་བཙུགས། དེ་ལ་ཞིང་ཆེན་མང་པོ་ཞིག་གིས་བསྟུད་མར་རྒྱབ་སྐྱོར་བྱས། ཟླ་11པའི་མཇུག་ཏུ་སླེབས་སྐབས། རྒྱལ་ཡོངས་ཀྱི་ས་གནས་ཕྱེད་ཀ་ཙམ་གྱིས་གསར་བརྗེ་ལ་རྒྱབ་སྐྱོར་བྱས་ཏེ་རང་བཙན་ཡིན་པ་བསྒྲགས།

ཆིང་སྲིད་གཞུང་གིས་གསར་བརྗེའི་བཙན་སྐྱུལ་འོག་པེ་དབྱིང་དམག་སྤྱི་ལ་ཡོན་ཧྲི་ཁའི་བསྐོས། ཡོན་ཧྲི་ཁའི་དང་སུང་ཀྲུང་ཧྲན་སོགས་གྲོས་མཐུན་བྱུང་སྟེ་སྤྱི་མཐུན་རྒྱལ་ཁབ་འཛུགས་པར་ཁ་འཆམ། ཡོན་ཧྲི་ཁའི་ཡིས་གནས་སྐབས་སྲིད་འཛིན་གྱི་འགན་འཁུར་ཞིང་ཞི་དྲག་གི་ཐབས་ཇུས་བཏོན་ནས་ཆིང་གོང་མ་ཁྲི་ལས་ཕབ་པའི་བཀའ་བསྒྲགས། བཀའ་ཤོག་དེ་ཆིང་དུས་མཇུག་གི་ཀྲུང་ཡོན་དང་ལས་གཉེར་པ་ཀྲང་ཆན་གྱིས་བྲིས་ཤིང་གཞུང་དངོས་ལ་ཡིག་འབྲུ་སུམ་བརྒྱ་ལྷག་ཡོད། 《ཆིང་གོང་མ་ཁྲི་ལས་ཕབ་པའི་བཀའ་ཤོག་》གིས་ལོ་ངོ་260རིང་གི་ཆིང་རྒྱལ་རབས་མཇུག་རྫོགས་པ་བསྒྲགས་པར་མ་ཟད། ཀྲུང་གོའི་ལོ་ངོ་2100ལྷག་གི་བཀས་བཀོད་རྒྱུད་འཛིན་གྱི་རྒྱལ་རབས་རྫོགས་པའང་མཚོན་ནོ། །